U0129478

本书作者赫尔曼·帕辛格

展翅人首牛。亚述古城杜尔舍鲁金（阿卡德语"萨尔贡的要塞"之意，即今伊拉克北部的豪尔萨巴德）萨尔贡二世宫殿的守门神浮雕。公元前8世纪。现藏于法国巴黎卢浮宫。

ABENTEUER ARCHÄOLOGIE

Eine Reise durch die Menschheitsgeschichte

考古寻踪

穿越人类历史之旅

Hermann Parzinger

[德]赫尔曼·帕辛格 著

宋宝泉 译

上海三联书店

目　录

1

4

考古学入门 | 第一章
学术辩论、研究方法和政治含义

德国现代考古学的奠基人，约翰·约阿希姆·温克尔曼（1717—1768）。

　　好莱坞将人们对于考古探险的各种神奇想象大加艺术渲染：有时是头戴软木遮阳盔、身着卡其色便装、手握毛刷、鼻梁上架着镍边眼镜的学者，有时是头戴宽边软呢帽、身穿皮夹克、手持马鞭、腿脚健壮的探险家。他们在探寻失踪的金银财宝，揭示古代神秘事件。近些年来，这些人物出现时，他们的膝盖上还总是想当然地托着笔记本电脑。在当代媒体中，印第安纳·琼斯的身影似乎随处可见。自从电影《侏罗纪公园》上映以来，有人甚至误认为恐龙的发掘研究也属于考古工作者的职业工作范畴。而实际上，这是古生物学的研究对象。研究早期人类起源问题主要是古人类学家从事的工作。稍了解情况的人则认为，考古就是破解古埃及秘密的。这实际上也是一种早已过时的说辞，当然与今天的现实相去甚远。

考古学在当今众多的科研领域中，可以说是属于那种最具魅力的、最引人入胜的学科之一。很少有其他专业能像考古学这样活跃在国际上、涉猎多种学科并对各个民族发挥着凝聚作用。公众对某种话题的浓厚兴趣往往会引发很多添枝加叶的不实之词。但是可以毫不夸张地说，几乎每个人都在不同程度上渴望知道，他和他的祖先是从哪里来的？我们当今五花八门的文化生活，又是怎样从无到有、逐渐发展起来的呢？考古学的学科吸引力在于它能见微知著，通过一些不被常人留意的迹象来回答上述这些问题。考古学甚至能够根据古代废弃的垃圾堆，破解人类最早的、有文字记载以前的历史奥秘。当然，今天我们对人类早期历史的认识远未达到终点：我们时常从广播中听到或在报刊上读到有关考古新发现和出土文物引起广泛轰动的消息。这些新的考古发现在不断地更新和填补我们所复原的远古时代的画卷，因为这幅画卷迄今为止仍然建立在各种支离破碎的残留遗迹和一些偶然发现之上，还不够完整。还有其他比考古学更引人入胜的学科吗？我本人对此深信不疑：考古之所以有着强大的魅力，是因为任何一个微不足道的细节和任何一次默默无闻的发掘工作都完全可能从根本上改变，甚至彻底颠覆我们对历史的一些看法。比方说，在内布拉的星象铜盘（Himmelsscheibe von Nebra）被发现之前，我们何曾想过，生活在今天德国中部地区的先民能比古代埃及人更早地将观察到的天象用图形记录下来呢？这真是令人难以置信的智慧结晶！

但这一切又是怎样开始的呢？考古学是怎样逐步发展成一门现代

科学的呢？考古学（Archäologie）这个词的字面意思就是研究古物的学问。"古物"，即古代物质文化的遗物和遗迹，必须从文化、历史、地理或人文地理等各种不同角度进行观察研究。德国各大学没有设立考古学这个专业或考古系，但设有古典考古学①、西南亚考古学、圣经考古学、基督教考古学、拜占庭考古学、古罗马行省考古学、伊斯兰教考古学、中国考古学、古代美洲考古学以及自然科学考古学，还有新近出现的中世纪和近代考古学等。这些考古学分支的专业科研人员作为各个学科领域的代表，一直致力于研究一定的历史时期、一定的文化区域或特殊的原始资料。

最具普遍意义的是史前考古学（Prähistorische Archäologie），或称史前史（Ur- und Frühgeschichte②）。尽管这个专业主要从事研究欧洲早期历史，但它不受空间的限制。史前史学者在全球范围内研究自人类最早制造工具以来，大约始于迄今 270 万年的历史。对原始时代的研究，主要涉及人类早期还没有发明文字，因而其各种活动尚且沉默在黑暗的、成千上万年的历史岁月中的漫长历史时期。当考古工作有了最早的文字资料作为参考时，人类原始时代就过渡到了历史时期的早期。与此相关的两个方面的思考在此尤为重要，值得注意：第一，这个时期的文字资料还非常零散稀少，尚不能以此恢复当时历史的全貌，因而这个时期的研究仍需要考古工作。第二，一些文化的早期历

---

① 即对希腊和罗马古典时期的考古。——译者注
② 德文概念的字面含义是史前和早期历史，即对人类无文字记载的原始时代和有文字记载的历史时期早期的考古研究。——译者注

史时期特征是，有关其历史记载往往都是其他外族人撰写的，如希腊人记载了凯尔特人，或罗马人记载了日耳曼人，而凯尔特人和日耳曼人这个时期还未能写下有关自己的文字资料。这些民族只有开始用文字记录自己的历史时，他们的早期历史时期才真正结束。在地中海地区，古希腊和古罗马的古典文化在那个时候就已经脱离了早期历史阶段。而在中欧的大部分地区，历史记载不早于中世纪早期，而北欧和东欧甚至还要推迟到中世纪盛期。

当初主要从艺术史研究起源的考古科学，其奠基人是德国学者约翰·约阿希姆·温克尔曼（Johann Joachim Winckelmann，1717—1768）。在大学读完神学、历史、医学、语言学以及哲学以后，温克尔曼去意大利各地漫游，并开始在罗马和庞贝城收集古典时期的遗物。最终，教皇克雷芒十三世（Clemens XIII）于1763年任命他为梵蒂冈教皇国的古物监管人。温克尔曼认为艺术最崇高的使命是对美的表现。他创造了非常著名的"尊贵的简朴和宁静的伟大"的审美公式。他对古代男性英雄和诸神雕塑的高度热情也是对他本人同性恋的一种反映，这一点可以从他的往来书信中清楚地看到。在他看来，希腊各项艺术已经达到了登峰造极的地步。与此同时，他认为罗马艺术只扮演了一个模仿希腊艺术的角色。这就同他认为希腊的民主优胜于罗马的专制一样。在他的研究过程中，他很早就看到通过系统的考古发掘来接近古代遗物这条路的重要性。故而，举例而言，他当时要求用这种方法对希腊重要的古代遗址奥林匹亚进行研究。在那里，德国考古工作者确实从1874年就开始了他们的田野工作，而这项工作迄今一直在持续进行。

温克尔曼之后不到几年的时间，丹麦哥本哈根国家博物馆馆长克里斯蒂安·于恩森·汤姆森（Christian Jürgensen Thomsen，1788—1865）开创性地将当地的古物分别划分到石器、青铜器和铁器时代，这就是所谓的"三期论"。因为在汤姆森的故乡没有能同希腊和罗马相媲美的"伟大"艺术，所以当时他的着眼点首先落在古代遗留至今的全部物质文化遗存上，诸如一些因不显眼而未能引人注意的日常器具和首饰。

几乎与查尔斯·达尔文（Charles Darwin，1809—1882）的进化论（自1858年起）逐渐广泛传播的同时，人们在杜塞尔多夫附近的尼安德特峡谷（Neandertal）发现了奇特的、"头骨扁平人种"的人骨化石（1856年）。然而，就连鲁道夫·菲尔绍（Rudolf Virchow，1821—1902）这样一位德国著名的、受到普遍公认的人类学家，当时却肯定这些遗骨的年代不会十分久远，并认为这些异常的骨骼是一个现代人由于疾病而造成的畸形。仅仅由于菲尔绍有崇高的声誉，所以在学术界几乎半个世纪没人敢站出来纠正他的错误推断，而事实上这一错误在不久之后就非常明显了。

鲁道夫·菲尔绍（1821—1902），德国著名解剖学家、人类学家、史前史学家和政治家。这尊铜像现存于德国柏林国家博物馆新馆。

　　许多学科在其发展初期都存在很多谬论和错误。值得庆幸的是，考古学很快就能将它们其中的一些摆脱掉，但最终往往还是刚纠正了旧的谬误，接着又犯下了新的谬误。受荷马史诗的启迪，自学成才的德国学者海因里希·施利曼（Heinrich Schliemann，1822—1890）就曾经步入过一个不小的误区。1872 年，他在特洛伊从事考古发掘时，发现了一批珍宝，并以为可以确认这批宝藏属于传说中的特洛伊国王普里阿摩斯（Priamos）。诚然，我们在这里必须公正地指出，以当时的考古研究水平，施利曼不可能知道这批宝藏的年代比他的推论实际上还要早近 2000 年。尽管如此，施利曼在发展考古地层学方法中发挥了

　　自学成才的德国学者海因里希·施利曼（1822—1890），通过 19 世纪晚期在特洛伊和迈锡尼的考古发掘，起到了开路先锋的作用，尽管他当时走了不少弯路。

至关重要的作用：在特洛伊，他首次揭开了各个不同时期相互叠压的文化层。而且，施利曼使作为"铁锹科学"的考古学最终得到了大众的广泛认可。他在考古研究中，追求从整体出发，将发现的所有遗物和遗迹用来恢复古代历史原貌——这是一种特别摩登的观念。

　　一直以来，考古学赖以生存和发展的是学科内不断激烈展开的学术辩论，有些甚至还大大牵动了公众的情感。施利曼在特洛伊发掘的继承人之一，一位过早去世的德国学者曼弗雷德·科夫曼（Manfred Korfmann，1942—2005）就有过这样的亲身经历。科夫曼对他的研究结果进行了分析和判断，认为这是证明特洛伊在青铜时代就拥有一座占地面积广阔的下城的依据。而从施利曼就开始调查发掘的希沙利克（Hissarlik）山丘，实际上不是特洛伊古城的全部，那只是建在高处的卫城或城中心部分。这样就从根本上改变了我们对特洛伊的看法。尽管有关下城建筑格局的证据还不是很充分，科夫曼却像着了迷一样，立即将一座青铜时代建筑稠密的大型城市的复原图四处传扬。像法兰克·科尔布（Frank Kolb）这样一些古代史学者，由于他们习惯于考证古史资料，并受过在理论基础上建立学术概念的严格训练，所以不能认同科夫曼的大胆判断。科夫曼不久就觉得自己被打上了"考古学的德尼肯[①]"的烙印。当然，在特洛伊卫城土丘脚下曾经有居民住过，这一点从考古遗迹上看是绝对不容置疑的。但是，科夫曼未

---

① 德尼肯（Erich von Däniken），作家，1935 年出生于瑞士。他的伪科学"古代太空航天学"认为在古代地球就曾有外星人来访，其作品发行量很高，赢得了很多读者，有的作品甚至被拍成了影片。尽管他的论点利用了考古遗物和遗迹，但不加科学的佐证，所以他的写作也被称作"幻想科学"。——译者注

能为他所判定的大型城址及时提供令人信服的证据。所以学术界和公众就不清楚，卫城以外的居住区究竟有多大的面积，房屋建筑是否稠密，是否可以将其视为"城市"，或者只是零星散布着一些宅院、建筑稀疏的村落式的市郊。从这件事上来看，我们可以总结出如下经验，即在使用考古发掘结果给遗址定性时，对所使用的概念总要持十分慎重的态度。

自然科学改变着我们对世界的看法

很多学术观点一旦被动摇，我们对它越是熟知和喜爱，考古学的学术争论就会越加激烈。然而，任何学科的生存都依赖科学的进步和不断地反省其学科成果。考古学引入新技术方法，有时也会给人带来烦恼，比如放射性碳元素断代方法。直到20世纪60年代，考古学者都是通过将史前文化与（已经进入有文字记载历史时期的）埃及、美索不达米亚或希腊等同时期遗物的比对来进行绝对断代的，因为这些文明国家已经拥有计算年代的历法。这种遗物之间的联系，有时要跨越几千千米，因而并不总是十分可靠的。当美国芝加哥大学教授威拉德·利比（Willard Libby）1960年因发明了放射性碳元素断代法而获得诺贝尔化学奖时，还没有人能够预想到，史前考古学正面临着一场严峻的考验。碳十四属于碳元素中的一种放射性同位素，经过光合作用被植物吸收，并经过食物链被吸收到动物和人体中。因此，任何有机物质都可以通过其中碳十四的衰变换算成历年而进行绝对断代。这种方法的断代结果将很多早期文化当时用传统方法确定的年代提前了几百年，由此彻底摧毁了学术界多年来辛辛苦苦勾画出的一幅非常完整的"世界图"。正是出于这种原因，碳十四方法几十年来受到一些学者的坚决抵制，并由此掀起了学者之间的各种"学派"之争。今天，这一切都早已过去了，大家在回顾这段往事时，都觉得当时的做法既奇怪又可笑。尽管碳十四方法断代数值最终还需要进一步的纠正，但是这个方法的拥护者们实际上是正确的。然而，多年来有关方面的那些不幸的、非建设性的争论，在相当程度上阻碍了考古学的进步。

值得庆幸的是，考古界接受新技术方法并不总是这样艰难的。特别是以往的二十年，自然科学彻底改变了考古学。在某种意义上，可以毫不夸张地说，考古学是人文科学中最能始终如一地将自然科学方法消化并融入其自身方法中的学科。考古获取的知识不断飞跃增长，从而使得我们今天能越来越生动地描绘出一幅古代历史画卷。在标本保存良好的前提条件下，利用树轮法通过辨认树木年轮可以精确地判定1.2万年前远古时期的木质遗物的具体年代。20世纪初期就已经出现了航空摄影考古学，它是第一次世界大战期间航空军事侦察的产物，借助这种方法可以看到埋藏在地下的古代遗迹。在地面上，步行者即便在这样的遗址上走过，通常也不会发现遗址的任何蛛丝马迹。同样在考古中应用很广的卫星影像，其实是冷战的结果。苏联和美国一开始是利用卫星相互拍摄对方，后来渐渐地把世界的其他地方也都拍摄下来了。值得庆幸的是，这些图片同时也记录了大量古代遗址。今天，人们可以从网上下载析像率极高的卫星影像，从中能够准确地辨别出各种遗迹，其析像分辨率可达到半米。

各种地球物理勘探方法运用到考古中，可以发现埋藏在地下的建筑墙基、灰坑或墓葬。今天，几乎所有考古发掘都不会放弃这种前期勘察。土壤磷酸盐分析可以界定人，特别是牲畜的排泄物（即粪便、尿）高度超常的地方，由此可以确定从前牲畜圈棚所在地和其他农村聚落遗址中各部位的功用。

体质人类学是研究人类体格发展的。同样，形体学（有关外表体态）和古病理学（古人健康状况）的分析为我们提供了早期人类的疾病、伤痛、食物营养特征、营养不良和生活习性等诸方面的信息。借助同位素分析可以研究有机体内放射性元素的衰变程度，从而得出人和动物在其一生中都在哪些地区活动过。古遗传学则不仅提供人与人之间亲属关系的依据以及族群的同种化程度，而且在此期间，随着采样数目的不断增加，甚至可以谱写人口发展史。公元前6000年代，中欧的第一批农民不是由当地以采集和狩猎为生的中石器时代（约公元前10000—前7000）的土著居民形成的，而很可能是从东南欧迁徙来的移民。这方面考古界虽然以前就有过猜测，但是古遗传学研究的进步才使这一推测得到科学的证实。

考古动物学和考古植物学的学者研究考古发掘出来的动物和植物的残骸。这两个学科不仅对研究古代经济史有着重大的意义，而且可以推测出古代各个时期的植被和气候环境。而自然科学考古主要为材料和金属的分析提供方法，这对古代各个时期的矿山考古和与此相关的原材料的供给研究尤为重要。读者可以自己评判一下，还有其他人文科学的学科如此大量借助于自然科学的吗！

其实，考古学也时常为其他学科提供帮助，如地貌（即地球表面）的变化经常是根据考古遗迹来推算年代的。举例来说，中亚的咸海（Aralsee）逐步干涸的各个阶段，都可以借助考古遗址来相当准确地确定其时间。出乎意料的是，咸海的极端干涸不是一个当代才出现的情况，这种现象在中世纪就曾出现。不久前，由于湖水水位下降而使中世纪的遗址在曾经露出水面的地带重新出现，而这些地带被淹没在水下已经有几个世纪了。

通过航空摄影考古方法在农田里发现的德国古罗马行省时期的军事堡垒。

　　不管我们愿意与否，考古总是同政治脱不了干系。然而，一旦极权主义政权利用考古，为达到不可告人的目的而粉饰其表面上看是历史赋予的神圣使命的时候，就值得我们特别注意和深思了。在德国，特别臭名昭著的是，20 世纪初古斯塔夫·科辛纳（Gustaf Kossinna，1858—1931）作为一名民族主义科学观的先驱者所扮演的角色。他立论的出发点是，国家、民族、语言和物质文化之间是存在一致性的，而反过来便可以推导出，在一个清楚界定的地区之内，相同的物质文化就代表了一个民族。因此，科辛纳以日耳曼民族曾经居住过的地区为依据，将德国领土的界定远远向东扩展到今俄罗斯南部，为日耳曼民族的神话奠定了理论基础。在此基础上，他为后来纳粹政权罪恶的侵略战争提供了一个臆想出来的历史缘由。和其他德国人一样，那时古史学的学科代表，具体到这一实例也包括考古学的学科代表在内，都担负起不可推卸的罪责。只有少数独立意识强、有头脑的人不追随邪恶，不推波助澜。他们或是在国内弃职而去，过隐居生活；或是移民出走，逃亡他国。

　　诚然，把考古变成政治工具，这种现象不仅只在德国存在。科辛纳的一个非常有天赋的学生，波兰人约瑟夫·科斯切夫斯基（Józef Kostrzewski），第一次世界大战后用同样的方法来证明德国战败后割让给波兰的领土从石器时代起就是波兰的。萨达姆·侯赛因（Saddam

Hussein）在 1990 年出兵科威特时，就是从古巴比伦国王尼布甲尼撒（Nebukadnezar）的光荣历史来寻找理由和借口的。他本人总喜欢同这位使古巴比伦摆脱亚述控制而求得独立的国王相比。无论以前还是现在，把历史变成独裁政权所使用的政治工具的契机，总是一脉相承、不会改变的。

今天，处在分崩离析中的伊拉克，只能回顾和反思美索不达米亚文明的伟大历史，这几乎是唯一能维系这个国家的纽带，因为今天的伊拉克人无论是种族还是宗教都存在很大的差异。我们时常发现，在国际上，尤其是那些偏僻和危机丛生地区的人们，都为他们古代文明的成就而自豪。引人注目的考古发现，即便是在偏远地区也会得到国际社会的关注。考古可以凭借其获取的悠久历史经验，服务于今天和未来的改造和建设，特别是在同伊斯兰世界对话中发挥作用。在这个

古斯塔夫·科辛纳（1858—1931），1902 至 1927 年任柏林大学史前史教授，从事考古教学与研究。他为民族主义为主导的史前史观开辟了道路。他去世后，其理论被纳粹利用。

过程中，考古学同政治和经济在结构上的结合可以为解决当今世界的许多问题做出非常具体的贡献。

比如在也门，德国考古工作者几年前在一些地区从事考古发掘。那里的居民几乎没有任何生活保障，而且对未来的生活也不抱任何希望，也门从而变成伊斯兰极端主义分子的温床。德国考古工作者的考古发掘工作大大改变了当地的社会结构，并由此重新给当地人带来了发展的前景。旅游基础设施出现了，由此骤然间在各方面产生了大量的就业机会，如文物的保护及维修、旅游纪念品商店以及宾馆和饭店等。之后不久，又建起了学校和医院。在近东（Nahen Osten）这一最穷困、最落后的地区终于出现了一些有前途的苗头。但这些已经过去一段时间了。今天，如果有人作为外国考古工作者在那些地方逗留，就要冒很大的生命危险。

尽管如此，今天比以往任何时候都更加清楚，考古学不仅是一门引人入胜的科学，具有国际性和跨学科等特点，它时常以令人激动和振奋的方式来揭示古代的秘密。而且它在文化上和政治上产生了巨大的影响，因为它能促使社会结构的改变。另外，当国际关系在政治上陷于僵持的时候，它可以作为国家之间对话的敲门砖。有时由于国家的政治主张，再加上某些社会群体为了维护自身利益，通过有意制造对外来文化代表的恐惧，而使情况复杂，这些都会加大考古领域国际合作的难度。例如，伊朗在1979年伊斯兰宗教革命后，经过了一段漫长的时间，直到2000年德国考古学者才可以重新与他们的伊朗同事一起开展合作项目。我们所作的多方面努力、外交活动以及在各种接触中对分寸的把握都得到了相应的回报，因为双方最终都确信，我们所走的路是正确的。考古是增强双方相互理解的一把重要的钥匙，合作研究早期历史的各个时期，了解人类的古代文化遗产——这些历史时期在世界观和意识形态上根本没有或几乎没有历史负担。况且如果大家一起来做，可以超乎想象地加强彼此之间的联系。除此之外，无论以前还是现在，考古研究的中心都是人。考古要探索并重新复原几千年前的人，努力理解其作为。考古正是要向今天的人传达这些有关自己祖先过去的知识——考古工作者深信，对其他文化的认知，可以促进对它们的尊重和宽容。这才是真正要达到的人际关系目的，同时也是考古学今天的使命。考古不再是坐在象牙塔里做学问了。

早期的人类

从素食者到擅长狩猎者

第二章

尼安德特人复原像，波恩莱茵州博物馆。

人类起源的初始　　🔍

　　人类起源是我们始终在研究的课题。在这个过程中，我们非常关心的问题是，我们是否与猴子同祖。现代遗传学的研究近来为此提供了重要线索。据研究，今天人类和大猩猩的遗传基因有 95% 是相同的。这是否意味着人类是从大猩猩演变过来的呢？肯定不是。但是这个研究结果告诉我们，人类同大猩猩一定有过共同的祖先。

　　在研究人类早期祖先的历史时，我们始终要认识到两个事实：一方面，我们发现的遗物往往只是极少的骨骸。但是经过自然科学对这些遗骨的仔细分析可以辨认出早期人类不同的人种，并能对其生活空间、生活方式及其进化途径等方面的情况得出结论。另一方面，我们不要为人类进化的发展过程曾有过多次重复而感到意外，一些人种的进化半途中断了，而另一些人种的进化在一定时期内是平行的。如果有人期盼能得出一个今天人类进化有规则的单线谱系的话，那么他就要做好思想准备了，因为他所看到的是错综纷繁的多线谱系，即人类进化的谱系不是一棵独干多枝的大树，而更像是一片多干树丛。

我们今天可以十分有把握地说，人类的摇篮在非洲。几年前，在位于非洲中部的乍得湖（Tschad-See）盆地发现了我们最早的祖先〔所谓古猿（Hominiden）〕。但是对这一发现，今天学术界还存在争议。其化石残迹的断代为距今 700 万年。我们的祖先之一阿法南方古猿（Australopithecus afarensis）在 300 万年前发挥着重要作用。它和我们现代人的直接联系是直立行走、头骨面部扁平以及较大的脑容量等特征。它也可以用它的手做很多事，它的双手已经变成通过触觉来理解事物的器官。而且南方古猿已经拥有"手指尖的敏感"（即敏锐和细腻的触觉）。它看起来同我们似乎有非常久远的亲属关系。南方古猿是素食者，啃食树叶和草类，因而需要一副给人留下深刻印象的咀嚼牙齿和强壮的咀嚼肌。正是这些因素塑造了其头部形状，使其同我们现代人有明显的差别。因此，从外表上南方古猿看起来更像类人猿，而不像我们。

人类最早制造和使用的工具 🔍

自人类出现以来，食物的保障成为所有文化发展和生理进化的决

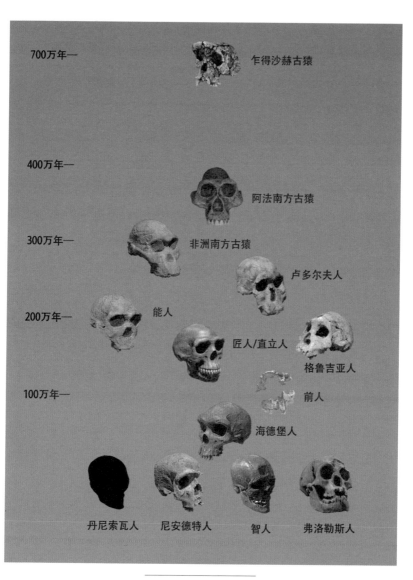

700万年—　　　　　　　　　　乍得沙赫古猿

400万年—　　　　　　　　　　阿法南方古猿

300万年—　　　　　　非洲南方古猿

　　　　　　　　　　　　　卢多尔夫人

200万年—　　　能人

　　　　　　　　　匠人/直立人

　　　　　　　　　　　　格鲁吉亚人

100万年—　　　　　　　　前人

　　　　　　　海德堡人

丹尼索瓦人　尼安德特人　　智人　　弗洛勒斯人

人类从猿到人的进化过程。

定性动力。过去，南方古猿（Australopithecus，字面含义是南方的猿猴）以素食为主，而能人（Homo habilis，有能力的人）则开始越来越多地给身体增加蛋白质。当然，这时能人尚未超出进食动物尸体的阶段。但就是他们在270万年前迈出的这一步，对他们来说已经是相当大的挑战了：怎样才能从动物尸体上——尽管这比不上什么美味佳肴，但却适合食用——取下适合入口的小肉块呢？能人的牙齿不同于捕食动物，不够强壮，不能直接从动物尸体上撕咬。能人为了切割肉块，制造和使用了人类最早的石器，有学者在坦桑尼亚的奥杜威峡谷发现了这些石器，从时间上看这恰好是在人类从素食到觅食动物尸体这一过渡时期开始的，这一巧合绝非偶然。

这种用砾石简单打制的石器，说明它们的制作者自人类有史以来第一次有能力认识问题，而且也有能力通过有目标的明确思考和有的放矢的行为来解决问题。虽然我们也清楚地知道，某些动物利用在自然界找到的一些物件来达到一定的目的，如大猩猩借助石头砸开硬果。但是早期人类和它们之间决定性的区别在于，早期人类不是利用任意一些在自然界能找到的物件，而是有意地改变其形状，扩展其特性，从而能更有效地使用它们。

凭借270多万年前制造简单石器的古猿，可以说人类首次作为会思考的生物出现了——成功地迈出了从猿到人决定性的一步。如果用极其概括和夸张的语言来描述的话，就可以说，从这一时刻开始，人类后来的历史更多是不断优化器物的历程：新的石器加工技术使石器刃部更加锋利，几十万年来利用高品质的、随处可取的原材料——如骨料、犄角、木材等——不断更新、创造更加得心应手的工具。工具的效率很久以后通过金属采集和冶炼加工再次得到提高，而从 20 世纪开始，通过塑料的生产和其他全新材料的使用继续得到优化。

然而，生产各种器具和工具的巨大进步都不是自然而然取得的，它们都是以人类计划能力质的提高为前提条件的，而这种质的提高如果没有人类大脑发育的相应健全是完全不可想象的。这种发育，我们在生活于距今 200 万年至 30 万年间的直立人（Homo erectus，直立行走的人）或匠人（Homo ergaster，工匠）的头骨上才能确定，而这两种人已经从寻觅食用动物尸体的觅食者完全转变成捕食动物的猎人了。其结果是在很大程度上得到了更高质量的食物，其中包括大量新鲜的肉类。由此增加的油脂、蛋白质和磷促使人的大脑继续明显发展，进而又导致了更有效的武器和捕猎策略的逐步改进，最终使狩猎更加成功。猎捕动物变成了高度专业化的行为，如将野生动物群驱赶到悬崖下摔死或赶到谷底进行围捕的大胆行为，就可以清楚地证实这一点。这样捕猎的结果是肉食堆积如山，只有想办法保存肉食，或晾干或熏制，这种捕猎方法才真正有意义。此外，猿人不仅食用动物肉类，而且敲骨吸髓，以获取更多的营养。动物的筋、皮革和毛皮被做成衣服，或用来覆盖简易的居室。直立人和与其相类似的早期人类，以其进一步发展的思维能力完成了许多令人惊诧的技术革新。

早期人类从非洲向欧洲迁徙

肉类含量较高的食物使直立人或匠人的肌肉特别健壮发达，腿部肌肉尤其如此，直立人特别需要有力的腿脚。250 万年前，全球天气

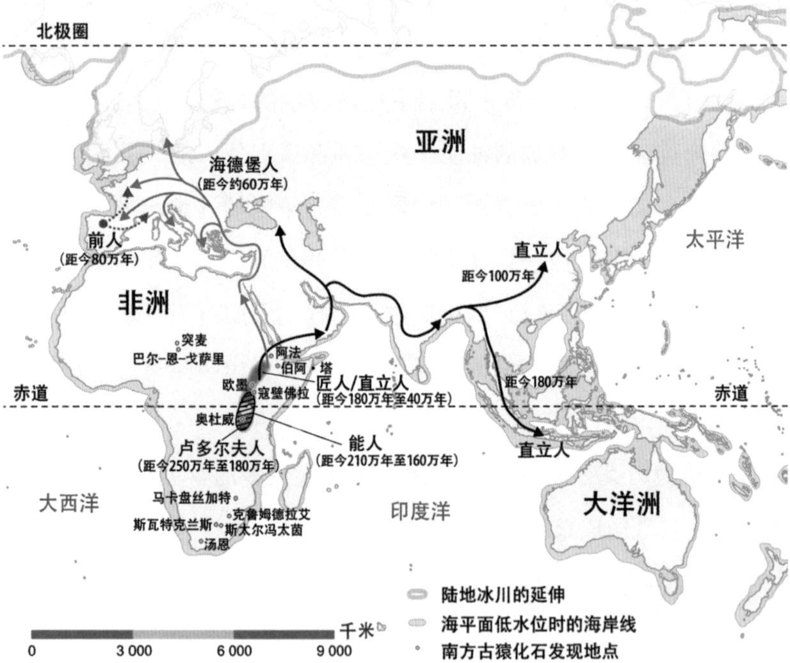

北极圈
亚洲
海德堡人
(距今约60万年)
前人
(距今80万年)
直立人
距今100万年
太平洋
非洲
突麦
巴尔-恩-戈萨里
阿法
伯阿
塔
欧墨
匠人/直立人
寇壁佛拉
(距今180万年至40万年)
距今180万年
赤道
赤道
奥杜威
能人
(距今210万年至160万年)
卢多尔夫人
(距今250万年至180万年)
直立人
大西洋
马卡盘丝加特
克鲁姆德拉艾
斯瓦特克兰斯
斯太尔冯太茵
汤恩
印度洋
大洋洲
千米
0
3 000
6 000
9 000
陆地冰川的延伸
海平面低水位时的海岸线
南方古猿化石发现地点

非洲早期猿人及直立人、匠人向亚洲和欧洲迁徙图。

变冷，气候变得干燥，非洲的热带雨林面积缩小，同时大草原的面积逐渐扩大。人类同以往一样要适应新的生活环境——这一次是在一望无际的大草原上——以便能够继续生存下去。空旷的草原环境迫使人类为了觅食每每要跑很多路。然而，也是凭借这双健壮的腿脚，人类能够离开非洲——靠两只脚的力量能走多远是多远——向亚洲和欧洲迁徙。

在此期间，新的反响很大的考古发现让我们可以将早期人类到欧洲的迁徙路线十分清晰地描绘出来。例如，我们知道，直立人是取道近东而不是经过直布罗陀到达欧洲的。作为从东方向欧洲迁徙的无声证据，在格鲁吉亚的德马尼西（Dmanisi）发现的距今 180 万年的匠人格鲁吉亚种（Homo ergaster georgicus）的遗物就显得尤为重要了。在那里，人们找到了迄今在非洲以外所发现的最早的人类骨骼的化石和石器。

西班牙北部的阿塔普尔卡（Atapuerca）从时间前后顺序上看是下一个遗址。在那里发现的前人（Homo antecessor，即"先驱者"或"走在前面的人"）生活在距今 120 万至 80 万年前，据说是匠人格鲁吉亚种的后裔。如果这件事属实，将是从东方向欧洲迁徙论断的有力佐证。这种前人自此被视为最古老的欧洲人。他们身高大约 1.7 米，肌肉非常发达，牙齿有力，眉骨突出。他们生吃动植物食物，因为还不懂得用火。像阿塔普尔卡这样的洞穴遗物对我们复原远古人类历史非常重要，因为在地层——相互叠压的层状沉积土层——中与氧气隔绝，加上持续低温，使得细菌未能分解前人的遗骨。

当时欧洲各地的气候条件差异非常大。比如，十分靠北的中欧的气候要明显比地中海沿岸冷得多。那时的人回避这一区域，直到后来才移民到那里，因为那里寒冷，如果不懂得使用火就无法生存。我们所知道的，在北部这些区域里最早的人种是海德堡人（Homo heidelbergensis），其名称因在海德堡附近的茂埃尔（Mauer）出土的人类化石遗物而得名。海德堡人生活在大约 60 万年前，是在冰川时期的一个较长的温暖期进入阿尔卑斯山以北地区的。他们属于直立人晚期的一个人种，据称是西班牙北部阿塔普尔卡前人的直系后裔。

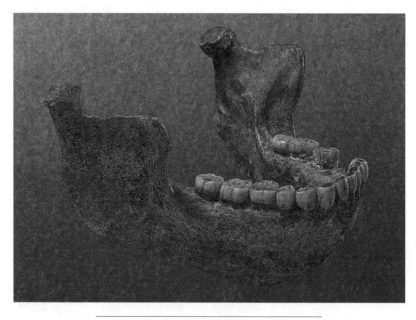

在德国海德堡附近茂埃尔发现的海德堡人下颚骨化石。

　　海德堡人时代最为重要的考古发现可算是德国下萨克森州的舍宁根（Schöningen）遗址出土的遗物。在冰川时期的一个湖畔，考古工作人员发掘出距今 30 多万年前的石器、马骨和木制品等。舍宁根遗址因出土了保存良好的木质标枪而闻名。标枪长 1.8 米至 2.3 米，重 500 克。这些人类保存下来的最古老的标枪加工异常精细，其长短和直径都非常适合在空中飞行，这一点得到了后来用复制品所做实验的证明。标枪重心在其前端三分之一处，这绝不是偶然的。由于这一特点，猎人可以非常轻松地将其投掷 70 米远，在 20 米至 30 米内命中率十分高。这些标枪不但证实其制作者有计划性、有抽象思维能力、经验丰富、心灵手巧，而且由于它们同今天运动用的标枪非常相似，因此认为海德堡人和现代人拥有相似的运动能力这一点是非常肯定的。

　　舍宁根是一群善于狩猎的人的宿营地。用石头砌的圆圈向我们提示这里曾是简陋的住处，它是由木棍和猛犸的骨头搭起的支架，上面覆盖着毛皮和皮革。在这种只在一定季节内使用的临时住地所发现的遗物显示，人们在那里将采集来的可食用的野生植物做成饭食享用。

　　除此之外，火堆痕迹证明当时的人类已经学会使用火。自从制造第一件石器之后，对火的控制是早期人类第二次根本性的革新。火的使用产生了多方面的效果：一方面，对火的控制使得人类可以用火取暖，从而能向较冷的地区移民；另一方面，通过熏烤可以使大量的肉类便

舍宁根出土的木质标枪大约有30万年的历史,这些标枪是海德堡人加工完美的狩猎武器。照片记录了发掘时的情况,与标枪同时出土的还有马骨残骸。

于储藏;最后还有一个重要的效果,那就是肉类和采集到的植物等食品经过煮烤,更便于人类机体的消化和吸收。另外,火还可以起到保护作用,如使人类不受猛兽的侵扰。就是在围捕狩猎时,也可以借助火的帮助恐吓野生动物,让它们朝着一定的方向奔逃。

火堆的重要意义还在于，它是人类社会生活的中心——在这里很可能也形成了人类原始的语言。尽管这时人类尚不完全具备复杂语言表述的生理条件，他们之间的交流很可能还仅限于使用简单的音节，再配加相应的动作和表情。但海德堡人由于咽喉发生了变化，最起码已经可以更好地发声，并较容易地控制呼吸，而这是类人猿不可能做到的。上述两个功能是有语言能力的前提条件，但人类语言这时究竟发展到何种地步，我们尚不得而知。但是，如果没有某些原始语言的简单会话交流，远古人就很难共同进行围猎，也不可能制造出像舍宁根出土的这样完美的标枪来，更何况在群体中还要组织安排各项工作的分工。远古人群分工协作的组织结构肯定已经形成，因为不是每个人都能造出高度专业化的狩猎武器或领头围猎，这些都是行家才能做的事。当时的宿营地也分成不同的工作区域。在一些区域远古人分割处理猎物，在另外一些区域准备食物，还有一些区域是打制石器和削刮木制器具的地方。

属于这个时期的遗物还有一块来自德国图林根州（Thüringen）比尔青斯勒本（Bilzingsleben）的上面刻有规则划痕的骨头。这是迄今所发现的人类最古老的装饰品，其制作年代大约距今 40 万年。我们之所以对比尔青斯勒本宿营地感兴趣，也是因为在那里发现的人头骨和其他人骨上找到了刻划过的痕迹。这使我们不禁要问，是否可以依此猜测海德堡人已经开始有礼仪行为了呢？是否有礼仪性的吃人现象？如果将来的发现能证实这些推论的话，这将意味着在那时已经形成最初的礼仪和宗教传统——这无疑是一个令人震惊的论断。

在距今 200 万年至 30 万年这段时间内发生了决定性的变化，这些变化对人类今后的历史具有深远的影响。尽管目前各地的研究水平尚不均衡，但值得注意的是，实际上所有这些基础性的创新都是在这段漫长岁月的后期实现的。

一代敏感的远古祖先——尼安德特人　🔍

海德堡人的后继者尼安德特人（Homo neanderthalensis）的情况也十分相像，他们生活在距今 30 万年到 4 万年前。对他们的早期情况我们几乎毫不了解。我们所知道的有关尼安德特人时代的创新——欧洲自身对人类进化的贡献——几乎都是在他们出现后的最后几千年里发生的。

他们的名称来自在德国杜塞尔多夫附近的尼安德特峡谷所发现的非常知名的人骨化石。这一人种分布于伊比利亚半岛（Iberische Halbinsel）和近东之间，在非洲和亚洲未曾发现。他们的典型体貌特征是身形宽扁，身体粗壮，肌肉发达，前额低平，眉骨突出，鼻子硕大——帮助他们在寒冷的生活环境下加热吸入的空气，因而给他们带来进化中的一大优势——以及下颚微缩。

同海德堡人和其他晚期直立人相类似，尼安德特人也掌握了用火的本领。他们在宿营地盖起简易的住处，身穿毛皮衣服，由此适应在冬季寒冷地区的留居生活。尼安德特人同之前的更古老的早期人类一样过着擅长狩猎和采集的游荡生活。他们的猎物主要是驯鹿和野马，另外还有欧洲野牛、长毛犀牛和森林象——这些动物都能提供异常充足的肉食。狩猎是一项非常危险的活动，这一点往往能通过尼安德特人的骨骼残骸得到证实，男性遗骨上经常有骨折后重新愈合的痕迹。除此之外，尼安德特人还采集野生水果、野草籽、果实、浆果、橡子、蘑菇和根茎等。

尼安德特人时代的大多数创新看起来意义重大，但我们同时也发现，其革新程度却不及直立人或海德堡人：他们选择明显较好的原料来制造石器。他们的燧石器比以前的古老器物打造得更加标准化，更加美观。顺便解释一下，燧石是"火石"的专业名称。除此之外，值得我们注意的是，在尼安德特人遗址发现的遗物中首次出现了组合器物，这种器物是由多块石刃借助沥青的黏合作用镶嵌在木柄上的。沥青是人类最古老的黏合剂。尼安德特人的这些技术进步首先都可以当作工具质量改良看待，而实际上这些改良是在尼安德特人之前由更早的远古人类成功完成的。

与此相反，对天堂的发现和对临终经历的揣摩是尼安德特人对人类早期文化史的根本贡献，这可以认为是精神领域的革命。可以确定，在尼安德特人时代，人类首次埋葬死者。在法国的拉费拉希（La Ferrassie）甚至发现不止一具而是数具这样被埋葬的尸骨，因为它们不是上下叠压或者横七竖八地被安葬，死者的后人很可能在很长一段时间里知道安葬各个尸首的准确位置。也许这是在提示我们，埋葬地

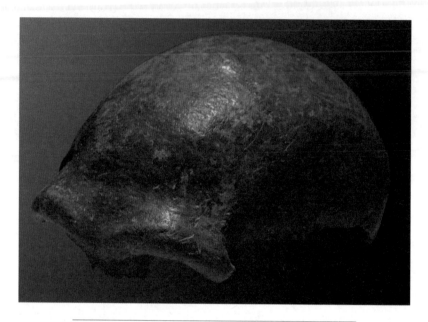

在德国杜塞尔多夫附近的尼安德特峡谷所发现的尼安德特人头盖骨。

点——同今天的墓地一样——甚至在地面上设有标志？无论如何我们可以说，在这里发现了第一批墓地的其中一个。发掘时对这块墓地进行了非常认真仔细的清理，可以肯定的是，尼安德特人没有在墓室中给他们的死者去"天堂的旅行"真正放置任何随葬品。

即便在墓葬中没有发现，但我们知道，尼安德特人很明显已经将动物的牙齿和贝壳当作垂饰佩戴——这是人类最古老的首饰。尼安德特人具有突出的审美感，这一点我们可以从许多加工优异的石器上观察到，他们甚至收集像化石这样的珍品。经过长期研究我们发现，尼安德特人具有针对他们的那个时代来说相对细腻的天性，而且对四周环境观察得极其仔细。

尼安德特人的大多数创新如果没有语言沟通是不可想象的。由此可以推断，他们的语言能力应当是得到了显著发展。他们的舌骨形状已经同智人的十分相像。除此之外，最近从他们的骨骼中提取出了对语言十分重要的基因组 FOXP2。

尼安德特人是怎样从人类历史上消失的，这个问题一直有争议。但可以确定，从非洲迁移而来的现代人（智人，Homo sapiens）取代了他们。他们的灭绝很可能与一次巨大的天灾有关，在距今 3.8 万年前意大利南部有一次强烈的火山爆发。这次火山爆发喷射出的灰烬覆盖了大半个欧洲。在很多地方的地层中，这一灰烬层恰恰将有晚期尼安德特人遗迹的地层同压在上面的智人的地层隔绝开。这次灾难所带来的后果是，欧洲进入了一个尤为明显的寒期。很显然，尼安德特人御寒的能力不如他们的竞争对手现代人，这也加快了他们的灭亡。

无论如何，现代人取代尼安德特人发生在距今 4.2 万年至 3.2 万年之间。只有在西班牙，尼安德特人的一些群体的遗迹一直持续到距今 2.7 万年前。现代人对疾病的抵抗能力要比尼安德特人强，而且他们游移能力强，能更有效地适应自然环境的变化。正因如此，他们能在十分寒冷的情况下生活，就像今天生活在北极的因纽特人。另外，现代人在生理上性成熟比较早，因此多子。这就完全清楚谁在这场自然竞争中束手无策，只能甘拜下风：现代人在各个方面都比尼安德特人技高一筹。

最后还有一个问题，尼安德特人和现代人是否在较长的时间内并存，或者是否他们的相互交替发生得很快。在这方面，古遗传学对DNA（脱氧核糖核酸）的研究为我们提供了重要线索。研究结果证明，大约在距今 8 万年前，尼安德特人和现代人在近东肯定有过交配行为。晚期尼安德特人的基因组同今天的欧洲人和亚洲人有某些重合，但与非洲人的不同，这一发现引起了不小的轰动。目前对这一研究结果只有一个解释，那就是从非洲来的智人肯定在近东同尼安德特人发生了联姻关系。而当他们的后代继续向欧洲和亚洲迁移时，他们的身上已经带有被宣判灭绝的尼安德特人的基因。因此，在那里迄今保留了遗传关系，而其中一部分可以追溯到尼安德特人。由此就引出了一个爆炸性的问题：今天，在我们这些欧洲人身上是否也潜藏了一部分尼安德特人的基因呢？尽管将来的研究还要大范围地扩展这方面的数据基础，但目前很多因素可以佐证这一点。早期人类的历史还远远没有写完，却越来越令我们振奋了。

全球文化发展的现代化

创新精神与伟大艺术

第三章

用象牙雕刻的野马、狮子和猛犸象。

新人类的新世界 　🔍

　　智人是距今 20 万年到 10 万年之间在非洲从晚期直立人的一些人种中逐步形成的，这时尼安德特人正在欧洲和近东等地繁衍、发展。南非的布隆伯斯洞穴（Blombos Höhle）是在非洲大陆上发现有智人遗迹的重要遗址之一。在距今大约 7.5 万年的古老地层中蕴藏的遗迹显示出该文化的现代性。这是现代人类有别于之前远古人类的根本所在。这种文化的现代性主要反映在对材料的修饰——如在赭石上刻画交叉线——和制造首饰，比如发现了经过钻眼的蜗牛壳，也许是穿在 ·起作为项链佩戴或是缝在衣物上。另外还有用骨料或石料制作精良的长矛头，其完美的形状和极高的命中率都不亚于今天布须曼人（Buschmann）在狩猎时仍在使用的武器。

距今大约 6 万年前，第一批智人离开了非洲。在几千年间，智人就蔓延到世界的各个角落，并将一些当地故有的土著人排挤掉。与此同时，这也是人类历史上最长的漫游远行。经红海和阿拉伯半岛，智人在 5.5 万年前沿着海岸到达亚洲东南部和东部。在那里他们遇见直立人晚期的人种，但是我们现在对这次相遇的情况一无所知。在印度尼西亚的弗洛勒斯（Flores）岛上，那时生活着被称作弗洛勒斯矮人（Homo floresiensis）的直立人的一支亚种。这一人种对于新到来的智人来说应该是非常奇特的。因为他们的身高只有一米，属于迄今所发现的最矮小的人种。尽管弗洛勒斯矮人的脑容量约同今天的大猩猩的一样大，但我们绝对不能低估他们的能力：他们从事群体狩猎，制造工具，同时也可能会说话。换句话说，他们具备了我们将人称之为人的一切重要特征。

　　在距今 5.5 万年到 5 万年前，智人到达了澳大利亚，或者说是冰川时期被称为萨胡尔（Sahul）的南方大陆。那时大量的海水还以冰的形态被冻结在两极，因此海平面水位比今天低 120 米，新几内亚、澳大利亚、塔斯马尼亚和其他岛屿连成巨大的南方大陆。当时东南亚和萨胡尔有大约 70 千米的水路相隔，智人乘木筏或独木舟漂游渡海，这是他们的一大显著成就。这一事实证明了智人的计划性思维和非凡的胆识。智人到达澳大利亚时遇到了尚生存在那里的晚期大型动物：3 米高的袋鼠、7 米长的蜥蜴、50 公斤重的蛇以及像犀牛一般大的袋熊等。不久后，他们就将这些物种全部捕杀，使其绝种。有趣的是，智人首次纵火焚毁整片区域，将茂密的森林变为大草原，以便那里既能更好地生长水果灌木，又宜于狩猎。就是这样，人类在冰川时期尚未结束前，就大规模地改造自己的生存环境了。

距今 1.3 万年前后，智人从西伯利亚东北部出发抵达美洲，然后很快地散布到了这两个大陆的全部区域，直抵它的最南端。他们去美洲的路上，经过连接西伯利亚和阿拉斯加的白令陆桥（Beringia）。偶尔有人推测，是否海豹捕猎者有可能在早些时候——大约 2 万年前——似乎偶然地，就像 10 世纪时的维京人（Wikinger），从西北欧出发，在北冰洋南部边沿顺着格陵兰岛和加拿大东北部到达美洲。但是这一论断的依据只是欧洲和美洲的燧石矛头有某些近似的地方，而西欧的矛头要比美洲发现的标本早几千年。与此相反，智人从西伯利亚迁徙到美洲是有确凿证据的，而且这一理论也得到了古遗传学对古 DNA 研究的证实。直到今天我们尚能辨认出一些印第安部族的遗传基因同西伯利亚居民在遗传基因上的这种古老关系。

在杳无人烟的美洲大地上，生长着各种巨大的哺乳动物，其中一些成群地游荡在草原上，这里对这些移民者来说简直是天堂。作为经验丰富的猎人，智人使用长矛和投掷枪很可能不用费多大力气就能捕杀大量的猛犸象、巨型野牛、巨型树懒和野马。这就导致非常迅速地出现了一种欣欣向荣的文化——克洛维斯（Clovis）文化，它以打造完美的树叶状的矛头为典型代表。这种克洛维斯文化的承载者，之后从北美洲经过巴拿马非常迅速地抵达美洲双重大陆的最南端巴塔哥尼亚。

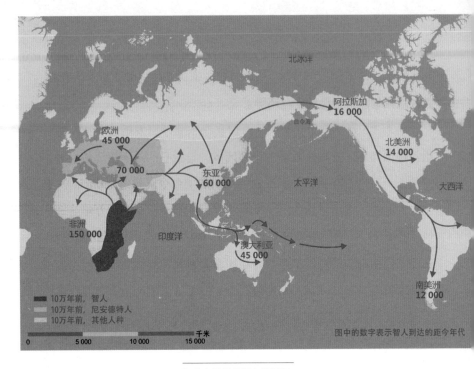

北冰洋

阿拉斯加
16 000

欧洲
45 000

白令海

北美洲
14 000

70 000

东亚
60 000

太平洋

大西洋

非洲
150 000

印度洋

澳大利亚
45 000

南美洲
12 000

■ 10万年前，智人
　 10万年前，尼安德特人
　 10万年前，其他人种

千米

0　　　5 000　　　10 000　　　15 000

图中的数字表示智人到达的距今年代

智人在世界范围内的繁衍。

冰川末期的智人　🔍

　　就这样，智人在冰川时期结束前就到达了世界各地——当然极端荒凉的不毛之地除外。但是甚至更早，即4万年前，智人移民欧洲后不久，其文化经历了一次难以想象的繁荣，它表现为真正的精神高度并伴随着优秀艺术作品的创作，甚至包括首批乐器的出现。它的文化成就和现代人的文化表现功力在欧洲体现得淋漓尽致。智人在欧洲的出现标志着所谓旧石器时代晚期的开始，即冰川时期结束前旧石器时代的最后阶段。旧石器时代晚期在欧洲又细分为四个文化时期：即距今 3.8 万年到 3.2 万年的奥瑞纳（Aurignacien）文化，距今 3.2 万年到 2.4 万年的格拉维特（Gravettien）文化，距今 2.3 万年到 2 万年的梭

（1）

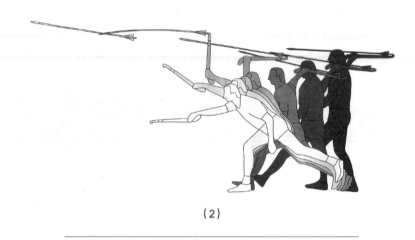

（2）

标枪投掷器的形制（1）和工作原理图（2），这是人类最古老的机械。

鲁特（Solutréen）文化，以及最后距今 1.7 万年到 1.2 万年的马格德林
（Magdalénien）文化。

　　智人的生活方式从根本上并没有区别于他们的祖先：他们是惯于
群体协作、经验丰富、善于战略思考的猎人。他们对植物十分了解，
具有丰富的认知，知道哪些适合食用或哪些有其他用途。此外，他们
选择一些临时的宿营地，便于定期更换，这样无疑使他们在很大程度
上适应了自然界的季节性变化。智人向我们展示了专业的野生猎取者
的形象，他们对周边环境了如指掌，知道如何运作，并在一定程度上
知道如何控制它。不仅如此，他们还发明了新的器具，体现出了巨大
的创造力。鱼在智人的饮食中占有固定比例，他们发明的用兽骨做的
鱼叉显著地方便了渔猎。他们发明的另一件器具是标枪的投掷器，极

大地提高了标枪的速度、穿透力和命中率。在更新世结束前后，大约距今 1.2 万年前，智人又发明了弓和箭——一种直到近现代仍为人类所使用的武器，直到火药发明后才渐渐失去其意义。智人所有这些发明都是伴随着优化其狩猎策略而来的，具有彻底的革新性。

人类是怎样驯化狗的 🔍

上述情况也适用于人类最早的驯化成就，即马格德林文化时期对狗的驯养，自更新世晚期，这种四足动物发展演变成现代人的持久伴侣。狗不仅是最古老的家畜，也是被当时以狩猎和采集为生的人类驯化的唯一的一种动物。值得注意的是，驯化狗的主要目的不是猎取食物，因为狗没有被当作肉食来食用，而是人类从一开始就想赢得一个狩猎时的伴侣和助手，而且狗还可以用于警戒。毫无疑问，在人与狗之间自始至终还存在着情感方面的关系。仅狗与人在马格德林文化时期被葬在一起的这一事实，就已经完全彰显出这种非常特殊的关系。这种特殊现象实际上同狗的群生天性有关，这一点与人类的社会行为有相似之处——所以狗作为群生动物，也可以服从和听命于人类。此外，狗还能领会人的手势和面部表情，这对人与狗之间的沟通和共存十分有利。

使用缝衣骨针以适应冰川时期的生活环境 🔍

一项非常特殊的发明，我们对其重要性应予以足够的评价，那就是针的发明。这种用兽骨做的工具极为重要，一方面，它们使现代人类能够首次做出衣物；另一方面，它们的存在证明智人已经可以制作出适合缝纫的线——或是用植物材料或是用动物的筋做成。因此，毛皮和兽皮能够更好地加以拼接和缝合，从而在寒冷地区大大提高了衣服和棚屋顶盖的质量和保温特性。在创造力、想象力、策划能力和战略思维等方面，智人显著地优于他们的祖先，而且似乎已经与当代人更加接近。这就是为什么我们不仅在生理上而且在文化上把智人视为现代人类是完全正确的原因。

对死者的祭祀和为活人的艺术 🔍

尼安德特人已经开始琢磨人死之后升入天堂的事情了，而智人重视葬礼意义的程度只能说是有过之而无不及：死者被精心地下葬并首次得到随葬品。更新世晚期有线索提示，智人有明显颅骨崇拜的可能。另外，人骨上的划痕不得不让我们提出智人是否有（礼仪）食人的问题。这二者都持续到接下来的中石器时代。宗教和礼仪行为越来越重

　　出土于德国西南部巴登-符腾堡州施瓦本山脉罗纳峡谷的施塔德尔洞穴的所谓"狮人"，是用猛犸象牙雕刻而成的混合体，约 30 厘米高，属冰川晚期，距今 3.5 万年。

要，这些现象对智人的祖先来说都是不可想象的。

这些同样适用于艺术，艺术帮助智人实现了突破性的发展。垂饰、项链以及缝在衣服上的珍珠都显示出智人对首饰的需求，而用象牙、兽骨和烧制的泥土制作的小型雕塑以及广布全球的洞穴壁画代表了人类首批真正伟大的艺术。岩画和小雕像可以从时间上和地域上看出各有不同的重点和艺术风格，体现出了各色各样的地方性艺术特征。

特别有艺术表现力的是用象牙雕刻的动物，如野马、猛犸象、野牛或狮子以及动物和人的混合体。我们在德国南部巴登-符腾堡州施瓦本山脉（Schwäbische Alb）的众多洞穴中发现了这种雕塑艺术创作的典型例子。最著名的当然是来自罗纳谷（Lonetal）的施塔德尔洞穴（Stadel-Höhle）的所谓"狮人"。这个用猛犸象牙加工而成的小型雕像表现了一个直立的人形，自下往上有双腿和肚脐，而上半身是一个洞狮形象，首端是狮头。这件作品反映了施瓦本山的奥瑞纳文化独特而超人的想象力。最近对遗址现场的研究表明，在山洞里我们可以区分不同功能区域。在找到狮人地点附近发现了用动物牙齿做成的首饰以及用象牙制作的挂件。这是不是曾经用于祭祀的地方？

较晚一些的是格拉维特文化的维纳斯雕像俑。在下奥地利州（Niederösterreich）维伦多夫（Willendorf）发现的"维纳斯"雕像是其中最有名的。这种部分高度风格化的、性特征表现尤为突出的女性形象，那时分布于从大西洋到俄罗斯内陆的广大区域。它们证明在欧洲的大部分地区存在着彼此相同的信仰，这种信仰的主要内容显然是一种对生殖能力的崇拜。

尽管所谓的维纳斯雕像的表现力如此引人注目，但就艺术活力和生动性来说，在法国西南部和西班牙北部所发现的洞穴壁画之优秀，就是在冰川时期结束和人类从游猎到定居下来几千年之后，仍然是无与伦比的。冰川时期的艺术既证明了智人的抽象表现力，又显示出智人对形态和运动高度发达的观察力；当时的人就已经能够把空间的深度和透视画法融入创作中。智人的这些画作首次创造了世界级艺术，其魅力迄今不减。岩画从某种意义上说也是视觉交流的手段，它已经拥有固定的符号。

岩画艺术的中心主题是野生动物。得到艺术家特别青睐的是以其力量或速度给人留下深刻印象的动物；画作也反映出其创作者所处的地理环境。看起来非常有趣的事实是，这些动物大多表现为静止状态，有些也在运动中，但从未有寻衅举动。像猛兽猎杀其他生物，甚至是威胁人的情景在冰川时期的艺术中根本不存在。

有人已经反复揣摩，这种艺术表现形式在何种程度上可以理解为一种宗教性的祭祀行为，甚至是施加法术的行为。当时的人类是否企图通过艺术来影响和左右大自然呢？因此有人推测，把这些动物画下来有可能是要遏制它们的力量和潜在的威胁。照这一理论来说，早期人类的艺术创作是一种控制野生动物和自然环境的方式。

但是，对冰川时期艺术的解释迄今为止仍然是以推测和猜想为主的。很早就有人想要在这些画面中找出萨满祭祀的证据；特别是上面提到的人兽混合生物，被与巫师的神志恍惚、阴魂附身的阶段联系起来。有人甚至推测，也许艺术家本身就是通过麻醉品——如通过蘑菇

在下奥地利州的维伦多夫发现的所谓"维纳斯"雕像。

真菌——使自身陷入恍惚之中，然后进行岩画创作的。但这一切都得不到证明。冰川时期的画作主要是那个时代的秘密。我们如果承认它们的这种陌生性，那么这并不意味着我们一定要否认旧石器时代晚期文化——包括这些艺术表现形式在内——所体现的万物有灵的本质。我们只是不知道，这些画像是祖先的替身符还是为成功狩猎而施的魔法，是启动祭祀活动的还是与其他祭祀行为有关的。但我们可以肯定，这些拥有丰富壁画的洞穴，像拉斯科（Lascaux）或阿尔塔米拉（Altamira）以及其他分布在从葡萄牙到意大利北部广大地区的众多遗址，都曾经被用作祭祀场所。

冰川时期艺术——不管能把它怎样具体解释——对人类文化历史的影响持续了超过 2.5 万年。这种艺术流传给我们的这些见证物不是

冰川时期晚期用兽骨管制作的笛子，这是人类最古老的乐器之一。

自发的、激情涌动时的个别行为所致；正相反，这些画作都是逐渐的、多次的、可以看出是有充分准备的创作。当时一代一代的人们看到了它们，并理解了其中所传递的信息——这是一个社会传统的传递过程，而整个群体都参与了这项活动。冰川时期的艺术和象征之所以能出现，是因为当时已经有了相应的社会基础和认知的前提条件。这样的艺术不仅要有创作能力，还要有对信息传递的需求。

另外，这种艺术基于回顾过去和思考未来的能力。看起来似乎令人难以相信，这些艺术信使只是对所发生或正在发生事件的反思，只是对所见事物的简单描绘记录，而未预料未来情形或未来需求，二者都需要相当程度的抽象想象能力。但后者也需要社会的认可，以得到在文化层次上的广泛传播。有可能是在旧石器时代晚期开始时，社会开放程度具备了相应的规模，允许和促进了这种作为特殊交流手段的艺术形成。个人能力和想象力或许在此之前就已经存在了，但是在一个群体中，只有当社会对其存在某种需求时，新理念和新发展的苗头才可能持续不断地发展、壮大。

这种令人印象特别深刻的冰川时期的艺术就目前研究情况看是在欧洲西南部出现的，这种艺术的开始适逢现代人移民欧洲、同尼安德特人并行生活的那些岁月。正如这种艺术创作在距今4万年至3.5万年之间突然出现一样，它在冰川时期结束时又骤然中断了。承载冰川时期艺术的环境消失了，神话和这些作品背后的故事显然也就随之不复存在了。

值得注意的是，与这些早期艺术活动出现的同时，人类也创造了第一批乐器，即用骨管做的简单长笛。绘画、雕塑和音乐几乎是在同一时间出现的，而且它们彼此之间存在着极为紧密的联系。这使我们联想到祭祀行为或祭祀庆典活动——尤其是宏伟的洞穴壁画的环境。另外，岩壁上成人和儿童的彩色手印让我们不得不问，在何等程度上可以把狩猎和采集为生的群体，甚至家庭理解为一个祭祀集体。但是，祭祀仪式不可能没有语言，而智人已经不仅在文化上，而且在生理上具备了语言条件。因此，几乎每个方面他们都与当代人具有可比性。

一个新时代即将来临　🔍

距今 1.4 万年至 1.3 万年前，气候曲线再次显著波动，并最终导致了旧石器时代的结束。自此气候变得持久温和，但偶尔也会出现短期的温度急剧下降。冰川时期的最后寒冷期发生在距今约 1.27 万年前。在德国中部山脉以北地区形成北极式严寒草原，以南地区则是稀疏的松树林。冰川时期晚期由于气候波动，动物世界发生了根本改变。冰川时期动物的典型代表如大型食草动物猛犸象、长毛犀牛以及驯鹿消失了。如果今天我们发现当时用兽骨做的长笛，那么这些骨管都是来自当时新迁入的其他动物物种：马鹿、狍子、野猪和野牛，它们在温带森林找到了栖息和生存的地方。公元前 9600 年更新世终于结束，后冰川时期开始。

也就是说，直到冰川时期结束，人类经历了一段惊人的进化发展。这种作为猎人、渔民和采集者的狩猎采集生活和经济形态到此时几乎蔓延到了世界各地。尽管在生活和经济形式方面的关键性创新部分是由直立人完成的，但在许多方面我们还是十分钦佩智人，因为他们在文化现代化上取得了伟大的突破。一方面是无数革新性的创新，另一方面是那些延续了几千年的各种传统，二者共同书写了世界各大洲旧石器时代人类的历史，并为后来的继续发展奠定了基础。

人类首次变革

从游猎到定居和早期农业

第四章

土耳其东南部哥贝克力遗址出土的数吨重的石柱（1.45米高），上面刻有猛兽浮雕。

森林重新覆盖大地

在距今约 1.25 万年前，冰川时期的结束使气候发生了持久性的变化。在中欧，气候明显变得更加温暖和湿润，导致广阔的草原以及生长在那里的驯鹿和野马群消失了，同时也导致了那些喜欢开阔的、类似草原生态环境的野生谷物和其他食用植物的种类和数量下降。相反，森林在欧洲大陆的这块土地上蔓延开来，成为其他一些野生动物的家园——特别是赤鹿，它们随即跟着新的植被而来。在森林扩展蔓延的同时，榛子树也出现了，榛子成为冰川时期过后前几千年内中欧人最重要的食物之一。我们可以将冰期过后的狩猎和采集时期称为"榛子时代"，但实际上考古学将其命名为中石器时代。

因为在茂密的森林中狩猎和采集可食用的植物比在冰川时期后期

开阔草原上要明显困难得多，所以人类生存区域的重点大都转移到了河流、湖畔和海岸等地。河流成为交流沟通的最重要的渠道，我们发现我们的祖先在这个时期发明了第一批独木舟和木桨。

莱本斯基维尔的神秘遗迹 🔍

同数万年之前一样，那时的人们仍然靠狩猎、打鱼和采集为生，过着游移不定的生活。我们发现了一些反映他们这种生活的宿营地，他们在一定季节内定期前往，在那里我们可以找到简易住所和篝火遗迹。这中间只有一个遗址格外奇特——莱本斯基维尔（Lepenski Vir），该遗址位于塞尔维亚一侧多瑙河流经山谷出口的岸边，此地被称为铁门（Eisernes Tor）。这是一个公元前7000年的遗址，从各种角度看，它在欧洲中石器时代都占有非常独特的位置。铁门地区主要是狭窄的山谷。在多瑙河上方一个狭窄的台地上，人们建起了小的梯形房屋。这里的人主要以捕鱼为生；同时，他们也在附近的树林从事狩猎和采集活动。这种平面呈梯形的房子，即使在今天对我们来说还有一些解不开的谜：如果是用于居住的话，它们看起来似乎太小了，其形制似乎不同寻常，而且这些建筑后来还常常被当作墓穴使用。更令人费解的是，在莱本斯基维尔发现了大量用砂岩制作的雕塑：它们表现出动物和鱼类的面孔，也有拟人的——人形的——因素，同时附带波浪线，有可能是以此来表示多瑙河的。莱本斯基维尔的先民是中石器时代艺术家聚居者，还是隐居在此的教派群体？目前，我们尚不得而知。

　　但是，在那个时期，尤其是有一定动机的宗教祭祀迹象，我们也可以在中欧其他地区发现。比如，我们发现过鹿角面具，它们经常被放置在墓室里死者头部附近。人们在某些祭祀仪式中戴上这些面具，以充当和扮演鹿的角色。有些特殊的仪式留下的痕迹是用人骨堆起来的骨堆，有时尸骨能达上百个个体。属于这类现象的还有被称为"颅巢"的遗迹。例如，在德国巴伐利亚州诺德林根盆地（Nördlinger Ries）内的奥夫内特（Ofnet）洞穴。这些遗迹提示的信息有：当时的人们特别崇拜颅骨；切痕和其他暴力痕迹清晰可辨。这些迹象表明祭祀仪式中

位于塞尔维亚，被称为"铁门"的多瑙河出山口岸边的莱本斯基维尔遗址出土的砂岩雕刻。

20 世纪初，在德国巴伐利亚州诺德林根盆地内的奥夫内特洞穴发现了两处堆满头骨的坑穴，这个 8500 年前修建的特殊墓穴被称为"颅巢"。

的食人和人牲；那里所发生的一切与普通的墓葬毫无关系。可想而知的是，冰期结束后，自然环境和人类生活的改变被认为如此巨大和重要，以至必须用祭祀仪式加以消化和处理。迄今为止，每当人们感到生存空间的秩序被打乱，想通过超自然的力量来寻找新的依靠时，他们在宗教信仰上总会变得尤为虔诚，躲进各类宗教信仰之中。

肥沃的新月地区新石器革命的开端

与中欧不同，近东的气候仍然同以往一样干燥和温暖。因此，生活环境并没有改变，人们仍同几千年前一样继续生存。然而，自公元前 11000 年代起，地中海东部的狩猎采集者已经开始采集野生小麦和大麦。在其聚落遗址发现的研钵和磨石证明，人们也对这些野生谷类进行了再加工。在公元前 10000 年代，人类在食物获取上终于取得了决定性的突破：在所谓肥沃的新月地区（Fruchtbarer Halbmond），即西起地中海东部（Levante），北经土耳其东南部，东至伊朗西部的扎格罗斯山脉（Zagros-Gebirge），从那时起不仅对野生谷物进行采集，而且已经以类似园艺的形式进行种植和培育。我们发现始自公元前 9000 年代的类似村庄的聚落遗址，那里的居民种植和栽培一粒小麦、二粒小麦、大麦和豆类。

驯养动物也是以类似的方式进行的。千百年来，人类猎杀各种野生动物，从而获得和积累了有关动物行为的广博知识。驯化的第一步是捕获和驯养年幼的野生动物。早在冰川时期晚期，人类就以这种方式驯化了狗，他们的第一种家畜——如上文所述，尽管不是供人食用的。从公元前 8000 年代起，人类先后驯养了绵羊、山羊和牛。

属于这个向农业过渡时期的文化遗存的是位于安纳托利亚（Anatolien，今属土耳其）东南部的哥贝克力石阵（Göbekli Tepe，又称哥贝克力山丘）遗址——一个源自公元前 10000 年代的巨大祭祀中心。在那里，过早去世的德国史前史学家克劳斯·施密特（Klaus Schmidt）发掘出众多大型石圈，并且使用地球物理勘探方法调查和确定了许多这样的遗迹。在每一个石圈中心都竖立有几吨重的 T 形石柱，石柱上面刻有各式各样的浮雕纹饰，其内容包括动物、男性生殖器、交配情景和其他图案。类似今天基督教教堂里的那些具有象征意义的具象图形，

(1)

（2）

土耳其东南部哥贝克力石阵考古发掘现场（1）以及该遗址出土的刻有浮雕的石柱（2）。

当时的人们可以读懂这些标记和符号，只是今天我们觉得它们令人费解。

哥贝克力石阵是一个跨地区性的祭祀中心。它是由当时已经开始从事农业和畜牧业试验的狩猎采集者建成的。在那里，人们在大型祭祀节日时聚集在一起，以此来促进和沟通各大狩猎采集氏族群体之间的情感。既而就提出了这样的问题，即农业是否是因为要为这样一个巨大的族群祭祀盛宴创造饮食条件而形成的。单靠狩猎和采集可食用的植物很难供给如此大量的食物。一些研究者甚至认为，谷物种植的开始同啤酒和其他发酵谷物饮料的广泛消费有着直接的关系；然而，极度饮酒导致定居和生产经济这一假设，看起来还有可能是过于大胆的论断。尽管如此，我们不否认麻醉性饮料对早期文化的重要性。例如，我们从早期的文字记录得知，自公元前 4000 年代以来，啤酒作为麻醉剂在近东、埃及等文明古国的生产发挥了非常重要的作用。可以毫不夸张地说，人们在特殊场合下用酒麻醉自己，这件事在历史上始终扮演着重要角色。

无论如何，哥贝克力石阵所表明的思想是这种升级到极端形式的——可能是定期的——共同举行的祭祀仪式，有可能也是社会经济生活正在发生的根本性变化，即从采集获取过渡到生产经济的转型，在当时人们意识形态中的一种消化方式。定居生活和对动植物的驯化、栽培，导致人们重新认识和了解新的自然条件和生活环境。与此同时，人们也在与几十万年以来形成的生活方式发生决裂。定居生活是农业生产的前提条件，并且导致人们建立全年居住的聚落村庄。这种急剧变化的时期在考古研究中被称作新石器时代。新石器时代的开始是

哥贝克力遗址

北

5 米

第二文化层至公元前7500年

中间层约公元前8800年

第三层自公元前9600年

石柱

哥贝克力遗址不同时期的石阵和其他石建筑平面图。

人类历史长河中最根本的变化之一，甚至可以说是今天数字时代起始之前最重要的一次。定居生活和生产经济直接驱动着社会的继续发展，并为这之后几千年的文明发展奠定了基础。因此，英国考古学家戈登·柴尔德（Gordon Childe）将它称为"新石器时代革命"绝对是不无道理的。

人类从此大规模地向大自然进军，砍伐森林，以获得牧场和耕地。而新的经济形式也带来了物质文化的变化。用岩石磨制的斧头既用于建房时的木材加工，也用于农业耕作。人们首次烧制陶器，用来储藏和加工植物食品和动物食品，如牛奶和奶酪。而牛奶当然必须尽快食用，很可能——同今天哈萨克斯坦、蒙古草原的牧民相似——当时人们已经将鲜奶制成硬奶酪，以达到长期保存的目的。举例来说，这样的陶制存储容器特别是在新石器时代简直就成为一种重要的装饰载体；通过它们不同的纹饰，我们可以识别出地域的差异，及其后面潜藏的有意选择的族群符号（族徽）和部落联盟之间的分界标志。后来，陶器的这种意义丧失了；到后期，陶器变成了普遍无修饰的大众化产品。

地中海东部和扎格罗斯山脉之间的所谓肥沃的新月地区，被认为是有据可查的世界上最早的农业和畜牧业的发源地。这种新的生活方式和经济形式在后来的历史发展进程中不断向四面八方逐渐蔓延——其中包括美索不达米亚平原和埃及尼罗河河谷，经伊朗高原至中亚和印度河谷，经安纳托利亚和爱琴海到达欧洲。

生产经济的好处是显而易见的：只要各个群体作为狩猎采集者在各地游荡，就有可能出现一次成功的狩猎忽然获得大量肉食的情况，因而在短时间内有无比殷实的供给——之所以说是短时间内，是因为当时食物保鲜的可能性还十分有限，只限于干晒、焙烧、熏制等方法。即使人们利用这些方法，在哪里存储这么多的食物仍是个问题；所以偶尔肉积如山也总是好景不长，从长远的角度来看依然无济于事。可是如果将畜群圈养，就等于有了一种"移动冰箱"，可以随时随地按照需要适量消费。至于实行农耕经济以后，就不需要广阔的活动区域来采集足够的野生谷物；相反，可以在相对较小的、好管理的、容易控制的耕地上从事粮食生产，尽管这意味着较高的劳动投入。是的，有时甚至还有可能有剩余粮食。这些剩余粮食——正如我们从相应的遗物得知——首先集体集中存储，即储藏在为此所建的、同居住房屋隔开的粮仓内。聚落群体集体生产的果实就是这样得到集中的保管。除此之外，我们也知道有些聚落遗址，每家都有各自的粮食储藏处所。这种遗迹可能是在向我们显示私有财产，即私有制的萌芽。

总而言之，新经济形式使人们可以计划如何保障食物供给，甚至可以有目的地生产剩余食物。这样，人口增长就成为可能。定居的妇女往往比在以狩猎采集为生的游荡族群里的妇女的怀孕次数多。但是，因为这种经济上的根本变化不仅造成人口显著增长，而且也有可能引

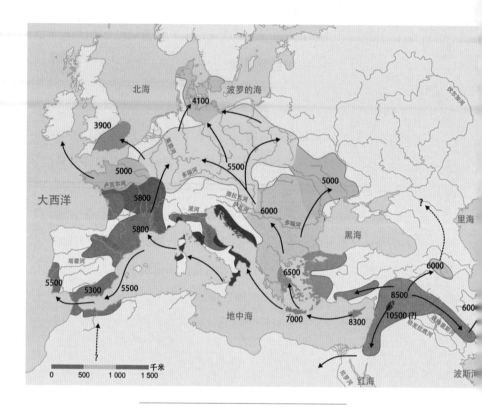

新石器文化从近东向欧洲西部和北部发展示意图。

起因为人口增长而日益加剧的族群与族群之间的紧张关系和暴力冲突，比如，当对新开发耕地和牧场或对族群十分重要的水源等方面发生争议时。

定居生活也产生了新的社会组织形式。有较强的个体不断涌现，逐步出现领袖人物和社会地位的差异，这些我们可以通过不同的随葬品来充分证实。即使是祭祀和巫术等领域，也无不受到这种变化的影响。从游猎到定居农耕的巨大转变产生信仰上的生殖崇拜，这一点我们可以从特别强调性器官部位的肥胖女性雕像上看出。

然而，农耕的田园生活虽然带来了各种好处，但农业劳动往往明显比狩猎采集要繁重艰辛得多。虽然食物生产有了一定的计划性，但农人靠天吃饭，一旦遇到自然灾害和粮食歉收，就会导致饥荒，甚至整个聚落的生存都有可能受到威胁。除此之外，农人墓葬遗物表明，他们的饮食结构通常明显单一，不够丰富，可以确定由此引起了营养不良。同狩猎采集者相比，农人的身高略有下降，这是因为肉食的减少导致蛋白质在食物中的比例下降。

人的寿命也在缩短，因为人口密集的村庄卫生条件极差，导致流行病和传染病的出现和传播。特别是人和家畜一起生活在狭小的空间内，这就导致了动物病原体转移到人类，通过基因突变会对人的生命造成严重威胁。于是，瘟疫流行，有时甚至引起致命的后果——其结果可以与欧洲人将病菌带到美洲对土著印第安人所造成的恶果相提并论。

与从事生产经济相关，人类首次对其赖以生存的大自然进行掠夺性的开发利用：对森林大面积的砍伐，实行刀耕火种，造成了大气中非自然的、过高的二氧化碳值，从而在新石器时代就已经引发了人类历史上的首次温室效应，直到今天我们仍然关注这一问题，尽管是在完全不同的规模范围内。

因此，我们可以郑重地说，生产经济形式和定居生活带来的这些创新都是真正的"革命"，这是因为它们在一定意义上永久而彻底地改变了人类的生活。然而，这些改良并不是一场突然出现的、在短时间内引起生活各个领域发生翻天覆地变化的"革命"，事实最终证明它们是

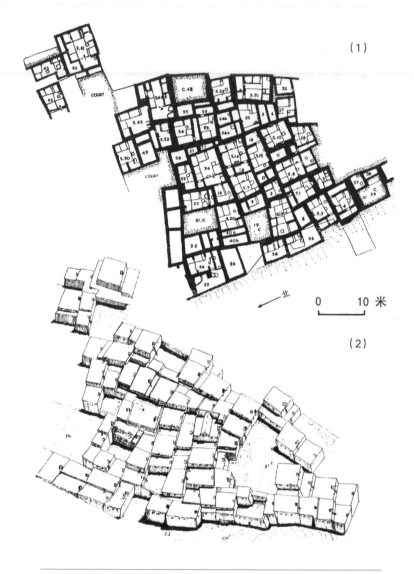

（1）

（2）

北　　0　　10 米

位于安纳托利亚中部科尼亚附近的恰塔尔霍裕克遗址平面图（1）和复原图（2）。

一个几千年间连续不断变化的过程。我们所有早期的祖先总是在不断努力优化自己的生活境遇，在这个过程中人类把他们一直以来持续积累的有关大自然和生活环境的知识和经验全部投入进去，以获取利益。

公元前 8000 年代中叶创建的、位于安纳托利亚中部科尼亚（Konya）附近的恰塔尔霍裕克（Çatal Höyük）遗址显示，这里很早就已经出现了人口密度大幅度增长的现象。该地据说可以提供多达 6000 人的住所——对那么早的时代来讲这是一个不可思议的巨大数字。这个聚落是由很标准的两层楼房组成的，房屋都墙靠着墙，入口设于屋顶。有时几个这样的房子围着一个空场。室内墙壁上常常有精心描绘的壁画，以动物图案为主。其中有一幅图画脱颖而出，因为它简直就像是一张住地的地图；如果这种解释成立的话，这将是人类最古老的地图绘制品。另外，每个房子都设有供家人祭拜的位置，上面摆着牛头骨、小型泥像和其他设施。住宅的全体成员（家庭）不仅是一个自给自足的经济单位，也是一个独立的祭拜集体。这里的祭拜形式与哥贝克力类型的巨型石阵在本质上的区别再清楚不过了，对这种现象最好的描述应当是：家庭祭坛取代了宏伟圣殿。

定居生活与线形带纹陶器

新石器时代的生活方式——定居生活、农耕和畜牧业——从安纳托利亚经博斯普鲁斯海峡和希腊群岛，于公元前 7000 年代末期传播至东南欧。我本人非常有幸和我的土耳其同事、伊斯坦布尔大学的穆罕默德·厄兹多安（Mehmet Özdoğan）一起在土耳其的欧洲部分，即距保加利亚边境不远的地方发现了公元前 7000 年代和公元前 6000 年代的保存良好的聚落遗迹。这是一些经过火烧的土质房屋建筑遗迹，其墙基保存高度达 80 厘米。此外，我们在那里发现了大量的动物骨头，据此我们不仅能够对该地区经济发展，而且还对其自然环境进行了复原研究。我们从来没有想到，在东南欧会真正找到这种新石器时代的最古老的遗迹。

自公元前 6000 年起，在匈牙利喀尔巴阡盆地（Karpatenbecken）开始出现新石器时代首批拓荒者遗迹。新石器文化另外一条传播路线是自近东向西沿着地中海海岸线直到意大利南部、伊比利亚半岛和非洲北部。在公元前 6000 年代中期，新石器时代的生活已经流传扩散到直布罗陀海峡和大西洋地区。

大约在同一时间内，新石器文化的族群从喀尔巴阡盆地涌入中欧，公元前 5600 年前后在那里形成了线形带纹陶文化。直到前不久，人们一直认为只有小群体的殖民者从东南迁移到此，在莱茵河和维斯图拉河（Weichsel，又译作维斯瓦河）之间的区域内，同在那里已经开始进行小范围刀耕火种尝试的土著狩猎采集者发生接触。然后，由土著狩猎采集者与新石器移民的这种结合产生带纹陶文化。然而，最近古遗传学对人和动物的研究表明，这完全是另外一个历史的进程。中欧的家畜，如牛和绵羊的始祖显然来自近东，它们肯定是从近东被带到欧洲的。对这段时间人口发展过程研究有着特殊意义的是所谓线粒体DNA。线粒体——就像每一个细胞内的发电厂——有一个遗传物质，它遵循一定的变异规律，因而可以通过其变异推导出这种遗传物质是何时形成的。将这种研究方法运用到中欧当地中石器时期的土著居民身上——即观察他们的母系遗传基因——发现，它们同"线形带纹陶文化者"完全不同；这意味着，这种新文化的载体肯定是迁移来的，而他们的文化不可能是在新老居民之间的文化结合中发展起来的。

线形带纹陶文化是从维斯瓦河和喀尔巴阡盆地西部由东向西，首

德国出土新石器早期线形带纹陶文化的陶器。

先扩散蔓延至莱茵河流域，后来又传播到巴黎盆地（Pariser Becken），从而覆盖了中欧的绝大部分地区的。尽管线形带纹陶文化的分布范围很广，但在这种典型的陶器上只能看到极少的地区差异。线形带纹陶文化的村落主要分布于河谷中肥沃的黄土或黏土地带。该文化非常有特色的是长方形的住房，一般边长超过30米，内部同时设有起居、储藏、劳作和畜圈等不同区域，每幢房子都住有几个小家庭或一个大家庭，即一个宗族，作为一个独立的经济实体。通常每个村庄都拥有自己单独的墓地。

在德国莱茵州的阿尔登霍芬平原（Aldenhovener Platte），我们对那里的密集居住区进行了系统的研究，并在此基础上比较全面地复原了那里的开垦历史。在那里，我们可以清楚地看到，各个垦荒者的居民区逐步发展扩大，然后部分人口分出，在附近建立新的子聚落，就这样逐步在整个河谷地带实行了垦殖。这之后又从一个时期开始走下坡路，农田逐渐被搁置荒废，最终居住地也全部被遗弃。

在线形带纹陶文化的居住区内也发现了人类最古老的水井，井壁是用橡木板加固的，其木工工艺之精湛引起极大的轰动。水井的内壁是将方形木框层层相互叠压，木框四角使用砌块技术互相完美吻合而制成的，其深度可达15米。用树木的韧皮或皮革搓制的绳索和汲水容器从井下向上提水。

自公元前5000年，线形带纹陶文化出现了严重的危机，暴力冲突也随之而来，如德国巴登–符腾堡州的塔尔海姆（Talheim）遗址所显示的：在一个线形带纹陶文化聚落边缘的一个大坑里，人们发现了

(1)

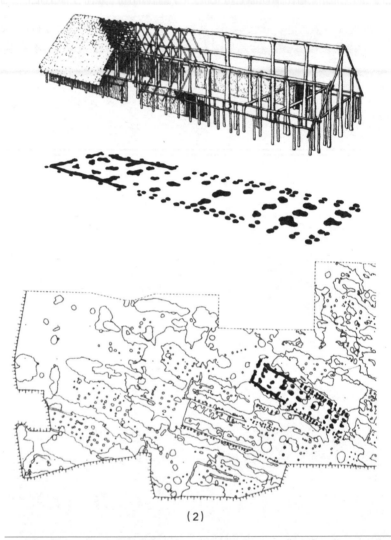

（2）

　　线形带纹陶文化非常有特色的是长方形住房，其长度一般超过 30 米，宽 5 至 8 米。
这是通过航空摄影考古在德国科隆西南部黄土地带发现的新石器早期线形带纹陶文化典型长
方形房屋聚落遗迹（1），以及长方形住房地面土木结构建筑复原（2）。

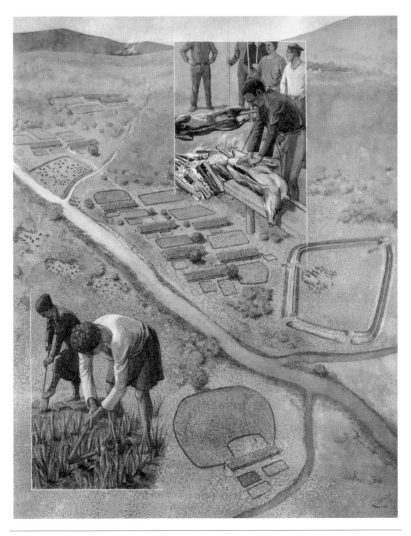

　　德国黑森州威特劳地区一个距今 7000 年的线形带纹陶聚落景观复原图。图中心是一个有六个长房子的中央居住区，靠近小河还有一个独立农舍。在田地里，种植着最重要的主食——麦类粮食。聚落还包括墓地和一个梯形壕沟设施，里面正在举行一个庆典活动。几处家畜群是属于聚落的几个农舍的财产。

在线形带纹陶文化聚落内发现人类最古老的水井，井壁是用橡木板建成方形木框，木框四角使用砌块技术互相吻合。

十八名成人、十六名青少年以及三个孩子的遗骸，尸体当时是被横七竖八地乱扔到坑内的。对遗骸的研究结果表明，大多数人是被从背后用斧头或木棒杀害致死的，偶尔还有一些箭头仍插在骨骼内。这明显是一场大屠杀，估计全村人全部遇难。从仍然插在受害者的骨骼内的石镞来看，可以断定，袭击者也属于线形带纹陶文化的成员。随着中欧最古老的村落文化的崩溃，从公元前5000年代开始，各种关系发生了新的根本的改变。

权力和统治的基础

工艺与原料

第五章

英国斯通亨奇环状列石建筑遗迹。

金属加工工艺 🔍

　　铜和青铜是人类最先学会冶炼加工的一种金属，其使用为后来许多社会和政治方面的重大发展变化提供了必要的前提条件。金属改变了人类世界。

　　早在公元前9000年代，近东人首次注意到金属，并已经开始开采孔雀石，其绚丽的绿颜色令人痴迷，因而被加工成珠子。起初，人们把这种矿石看成有颜色的岩石，尚不知其真实的性能。我们在东南欧发现的最古老的铜质遗物大约来自公元前6000年代，是冷锻加工而成的，还没有经过严格意义上的金属冶炼。直到公元前5000年代，我们才可以证明欧洲东南部出现了铜矿石冶炼。

　　长久以来有争议的是，铜的加工技术是从近东引入的，还是在欧洲东南部独立发明的。经过多年研究，越来越多的迹象表明，巴尔干半岛的铜冶炼技术是独立形成的。现在已知的最古老的铜矿遗址在保加利亚的埃布娜尔（Aibunar）和塞尔维亚的鲁德纳格拉瓦（Rudna Glava）；二者均被断代为公元前5000年代。起初只有较小的铜器和铜饰品，到公元前5000年代后半叶，铜冶炼加工技术发生了一次巨大的飞跃发展，开始大规模生产大件铜器，尤其是扁斧和板斧。与此同时，也出现了首批象征权贵的黄金物件。在东南欧，黄金和铜的使用历史是紧密联系在一起的，因为铜存在于所谓的热液矿床——这些地方储藏着很多矿物质，它们是在地球的发展形成过程中，从几百度高温的盐水溶液中经过缓慢冷却分解出来的；在这样的矿藏中还含有许多其他矿物质，其中也包括黄金。

新工艺引发的社会效应 🔍

铜冶炼引发了深远的社会影响。对于铜矿石的开采及加工都需要劳动力，这些从事专门手工劳动的人不仅需要脱离农牧业生产，而且还要吃饭。这就是劳动分工和真正形成各种职业的第一步。因此，我们在公元前5000年代后半叶的墓葬中发现了金属冶炼加工工匠。我们看到，墓葬对考古学家来说总是有一种特殊的作用。尽管在他们的发掘工作中也会碰到居住遗迹，但这些遗迹经过几千年的风蚀大多被彻底毁坏，夷为平地。而墓葬，只要它们不曾被盗掘过，就会保存完整，向我们提供丰富的信息：死者在墓中什么位置？都有哪些随葬品？除墓室外，是否墓葬还有地面建筑？这一切有助于我们了解被葬个体的情况，同时也能间接了解埋葬地的社会群体。因此，墓葬在考古研究中自然而然地成为非常重要的第一手资料。

除了金属冶炼加工工匠之外，很快又出现了显然是控制铜和黄金开采与交易的群体。有关这种精英的形成情况，在位于保加利亚黑海沿岸的瓦尔纳（Varna）墓地表现得十分清楚：象征权贵的物件以及金饰和珍贵的宝石显然在表明死者生前的社会地位。通过这些地位的象征，统治精英们将自己同其他社会成员明确地区分开来。这些精英拥有处置金属的权力，并通过贸易交换取得无穷无尽的荣华富贵，堪比当今的石油巨头或俄罗斯天然气工业公司的经理们。金属冶炼加工工匠虽然没有跻身统治精英的最高层次，但其墓葬均接近这些精英领导层，这就充分突显了他们之间的特殊关系。领导圈的权力和富足，完全建立在金属冶炼加工工匠的精湛技术和工艺技能的基础之上。

这些社会变化主要是通过墓葬观察到的。居住遗址反映了一个高度组织化的社会。在一些房屋内放有织布机，由此可以看出另外一种手工业，即纺织制造和编织业。但是没有社会统治精英的宫殿式建筑，房子大小和设施的区别不大，所反映的情况更像一个平等的社会——这同对墓地的调查结果完全不同。因此可以说，尽管当时已经出现了一个统治阶层，但社会的结构并没有显著改变。

东南欧金属时代早期的聚落形式 🔍

经过许多世代久居，日积月累形成的住地往往会出现人为的土丘居住遗址，即所谓人工丘阜：房子被烧毁倒塌或年久失修，推倒移平，在瓦砾废墟上重建新房屋；这样住地就会逐年升高，向空中发展。例如，在土耳其的这种人造土丘遗址可高达 30 多米。这些层层堆积，居住几百年甚至几千年以上的土丘就像一个计算机硬盘，保存下了丰富的历史。值得注意的是，宅基地经过几个世纪在各个居住层上的位置一直保持原地不变。这种现象或许可以解释为，在东南欧自公元前 5000 年代下半叶首次发展形成了土地所有权的概念。

在这些遗址上找不到祭祀建筑，而当地居民祭礼行为的唯一提示是，在房屋内炉灶附近发现放置在那里的泥人碎片，这些泥人显然是被故意打碎的。宗教信仰在东南欧铜石并用时代的文化中，尚未表现为大型公共建筑——例如，几千年后出现在希腊的大规模庙宇建筑——而仅限于一个纯粹的家庭祭拜阶段。

在喀尔巴阡山东部地区，即罗马尼亚东北部、摩尔多瓦和乌克兰西部，在公元前 5000 年代下半叶散布着另外一些铜石并用时代的部族，它们在考古研究中被统称为库库泰尼（Cucuteni）和特里波耶（Tripolje）文化。这种文化没有人工丘阜，而是拥有数百座房屋的大型聚落，它们不向空中发展，而是占有广大宽阔的居住地域。相应的居民人口数目非常可观，大概能达到数千人。在没有文字的情况下——最早的文

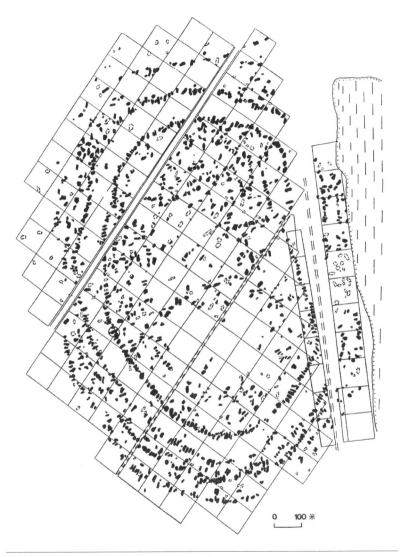

0   100 米

　　在乌克兰西部的麦达涅科遗址（Majdaneckoe）出土的特里波耶文化的大型聚落，内
有几百座房屋。

字雏形是 2000 年后才在近东和埃及出现的——如何解决人口如此集中所带来的组织管理问题，是史前史留给我们的一大奥秘。

从某种意义上讲，非常典型的是，我们在认知一些史前时期时，往往遇到这样的文化发展，可以肯定地说在社会和文化领域曾经释放出迷人的、令人难以置信的生命活力。技术创新往往是产生这种文化活力的根本原因——这些也都是过去几千年最终同我们当代的共同之处。然而，在史前时代，这些文化的繁荣常常如昙花一现，然后就突然凋零、陨灭。欧洲东南部的铜石并用时代的文化正是如此，它已经发展到文明的门槛前，但未能越过。他们的聚落住地被遗弃了，墓葬戛然中断。回过头来看，巴尔干广大地区在这之后很长一段时间内似乎无人居住。其原因还是一个未知数。有时，人们认为气候的恶化，或来自黑海北部周边草原的入侵，可能导致这里文化的覆灭，但能够证实这些理论的、有说服力的证据还不存在。也有可能是社会内部的原因造成其最终的灭亡。长久以来，人们喜欢超出自己的支配能力生活，不求巩固已取得的成就——因而自取灭亡，这恐怕不会是历史上的最后一次吧。

随着东南欧文化在公元前 5000 年的崩溃，铜冶炼向西转移到喀尔巴阡盆地和中欧。相应遗物样品的光谱分析显示，最初那里的铜器和铜饰品需要从东南欧进口，而到了公元前 4000 年代初期，斯洛伐克和阿尔卑斯山东部首次对当地铜矿进行开采。

铧犁、车轮和其他意义深远的技术革新 🔍

在公元前 4000 年代的进程中以及公元前 3000 年代初期，出现了一系列其他意义重大的改良和创新。这包括使用牛耕，装有木板车轮的车辆和钩犁的发明等，在很大程度上革新了农业生产；长毛绵羊被引入；不久之后马的驯化使马成为拉车的牲畜并供人骑，由此成为重要的交通工具。马的使用让人类的活动性和流动性达到了全新的层面，在这之前，人们从未能在如此难以想象的短暂时间内跨越异常遥远的路程。这基本上同 20 世纪飞机的发明一样。

在中欧，人们还开辟了全新的生活地域——一部分人上了高山，而另一部分人则迁居于湖泊岸边。那里涌现出湿地聚落居址，也被称为干栏式建筑聚落，它们分布在德国南部、瑞士北部、法国东部、意大利北部以及斯洛文尼亚和上奥地利州（Oberösterreich）。这些建筑的残存部分至今仍竖立在湖底，如整齐排列的木桩，因在水下与氧气隔绝，所以保存良好。借助树轮法，即所谓的树轮断代，可以非常精确地确定木材的年代，所以我们可以详细了解这些居住区的发展。房屋呈长方形，并排成行，是标准化的建筑，每座房子住着一个小家庭。湖岸居住区有许多处理加工铜的迹象，所以我们可以猜想，这里也曾经出现过一些阿尔卑斯山以北地区的铜冶炼加工中心。在湖岸居住区的周围，人们首次发现了一些用木板铺设的栈道，这是欧洲最古老的道路。

德国博登湖干栏式建筑聚落复原航空影像。

冰人奥茨——从远古走来的漫游者 🔍

▼

如前所述，人们那时也已经开始向高山进发，有关方面的遗迹很多，如1991年在阿尔卑斯山奥茨谷（Ötztaler）发现的一具冻干的僵尸——即所谓"冰人奥茨"——就清楚而生动地证明了这一点。冰人奥茨是在阿尔卑斯山冰川融化时才重新裸露出地面的。这个被埋在冰川里的木乃伊曾生活在公元前4000年代晚期。冰人奥茨的发现彻底改变了铜石并用时代的研究，因为他为一个早已销声匿迹的史前时期突然——名副其实地——赋予了一张真实的面孔，考古学在这种情况下变成了民族学。冰人奥茨身穿毛皮外套，缠着山羊板皮绑腿，脚穿内填熊毛皮的牛皮鞋，头戴狼毛皮帽。他身上带着铜斧，其金属来自奥地利的萨尔茨堡省，而燧石匕首和箭镞有可能产自意大利北部。因此，冰人奥茨曾经是奔走于不同地界之间的漫游者，他同阿尔卑斯山北部边缘地区以及意大利北部都有联系。

他的文身引起了学者的特别注意，在其腰部、踝关节和膝关节等部位均有平行线和十字形标志。一些研究人员认为这些部位是有医疗作用的穴位，因为今天的现代针灸也在那里下针。另一方面，这些部位对四肢活动乃至对人的生存也是至关重要的；这些部位上的文身可能起着护身符的作用——防御邪恶，并具有其他神奇功能。

冰人奥茨的牙齿过度磨损，表明他经常咀嚼用磨石碾过的谷物；碾磨过程中残留的微小碎石在咀嚼时研磨牙齿，令其损耗严重。通过

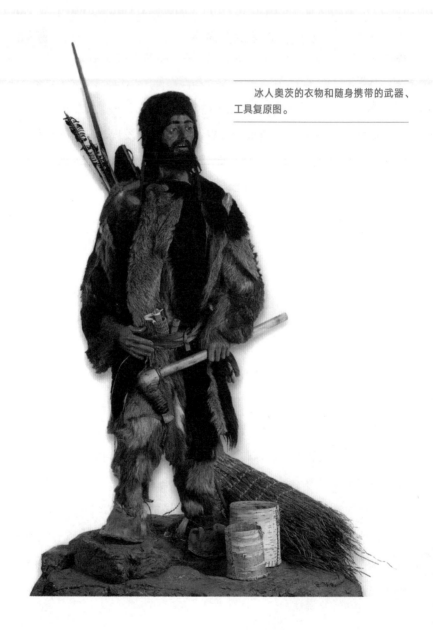

冰人奥茨的衣物和随身携带的武器、工具复原图。

古解剖学者在尸体上查出的胆结石、高胆固醇和动脉硬化症可以推断，他生前最重要的食物是肉类。他的关节磨损不是很严重——说明他无须经久从事重体力劳动——这可能表明死者生前享有较高的社会地位，但迄今尚未找到可以进行对比的材料。此外，令人注意的是，在他的头发中发现了较多的金属残迹，这有可能说明冰人奥茨曾从事过铜冶炼工作。他胃中保存下来的花粉表明，在他死前的最后几天曾经过不同的植被带。也许他从意大利北部平原出发，穿过阿尔卑斯山，想到德国南部去。

冰人奥茨左肩上的箭伤表明，他是被谋杀致死的。攻击者是从他的背后向他放的箭。另外，他的颅骨骨折，这种伤情的原因不是有人从背后用钝器击打他的头部，就是他中箭后向后跌倒造成的。他身上的刀伤和划痕表明，他在死前二十四小时内曾卷入了一场近身肉搏。

巨石文化的崛起 🔍

假如冰人奥茨幸免于难，越过了阿尔卑斯山，继续向北直抵北德平原的话，那么他就会在那里见到巨大的石墓。因为在北欧和西欧的广阔地域内，当时正在形成所谓的巨石文化。在伊比利亚半岛、法国大西洋海岸、德国北部以及斯堪的纳维亚南部，虽然各地的巨石墓在形制上都有所不同，但把它们联系在一起的是有意建成巨大宏伟石墓的指导思想。将墓葬建成巨大的建筑纪念物，作为永恒的纪念标志，这是首创。墓内富丽的陈设不重要，主要是墓葬庞大的规模，类似19世纪末期一些德国实业家的家族墓穴。说是墓穴确实不为过：巨石墓在很长一段时间里是可以打开的，而且一般要埋葬许多死者。首批巨石墓建于公元前4000年代中期。之后，在大约1000年内它们主要分布在欧洲西部和北部。从世界著名的英国斯通亨奇环状列石（Stonehenge）可以看出，当时人们不仅修建巨石墓，还用巨石建造祭祀场所和观星设施。

这些巨大的墓葬建筑很早以来就激发了人们的各种想象力，导致在现代早期和浪漫时期一些传说的编造。巨石墓出现在德国浪漫派画

法国卢瓦尔河谷巨石墓航空摄影图片。

家卡斯帕·大卫·弗里德里希（Caspar David Friedrich）的画作上，因为它们的规模实在太巨大了——普遍流行的观点是，这不可能是人类所为！只有巨人才可能搭建这样的"巨人墓"。这种看法一旦传播开来，神话的编造就几乎是不着边际了。

在构建巨石墓时，建材筹备、技术实施和后勤保障等方面的耗费确实都非常大。巨大的石块重量可达25吨，这样大的石材其实并不罕见，而是比比皆是。这些石头的运输、竖立，以及将巨大的盖石升起来架到用两块竖立的巨石组成的石墙上，都是十分艰巨的技术挑战。考古学者进行的实验证明，如果妥善而巧妙地使用脚手架、滑车滑轮组、起重设施和斜坡面等，他们就是没有现代装备也可以完成这样的工程。仅借助拿植物纤维拧成的绳索和用圆木做成的滚木和轨道，他们就成功地搬运和竖立起同样重的石块。然而，在实验中有时需要多达200人同时参与协作，来推拉这些巨大的石头。这就从一个侧面反映出这一远古时代的社会组织情况：当时肯定要有足够的规划和后勤能力，以及保障指挥者和受指挥者之间相互配合的组织结构，否则这种建筑工程是不可能完成的。

青铜时代的开始

当时，金属冶炼加工也获得了显著的发展。自公元前3000年代晚期，铜越来越多地同砷或锡放在一起冶炼，其冶炼后的混合产物就是青铜——一种金属合金，其特性明显优于铜本身。这种合金铸造时流动较快，从而可以用来铸造比较复杂的器形。铸件能达到更高的质量，

德国图林根州青铜时代早期劳丙根遗址公侯墓出土的金饰品。

也明显比铜质的坚硬。新金属合金的优势将青铜冶铸推向了一个高潮，铸造的青铜器具越来越多。在中欧，可以观察到一个有趣的现象：铜锭和青铜锭被铸成简单的斧头、项圈或卡子等形状，然后用它们进行

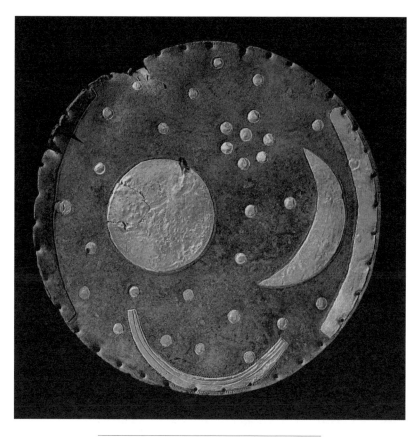

德国萨克森-安哈尔特州内布拉遗址出土的星象铜盘。

大量的商品交换。由于它们的重量均衡，这些最早的金属锭很可能已经被作为一种货币流通之前的支付金使用。难道公元前2000年前后欧洲就已经有了首批硬金属币制了吗？

社会的分化，即社会出现不同的阶层，也在青铜时代达到了一个新的规模。首次出现了真正意义上的公侯墓葬，这可以说是名副其实的，因为我们见到的不仅是他们巨大的墓葬建筑，还在墓室内发现了极为特殊的随葬品。这类墓葬中最著名的是德国图林根州的劳丙根（Leubingen）公侯墓，这座墓大约是公元前2000年前后建成的。金别针、金手镯和金戒指等明显地突出了死者生前的社会地位，除此之外还有不同的青铜武器。死者和他的随葬品被安放在一间木制墓室内，上面封有用200立方米石料和3000立方米黄土堆积而成的巨型封土墓冢。整个陵墓很好地彰显了死者生前将个人权力和社会影响集于一身的情况。但对于青铜时代来说非常典型的是，这种权力结构未能幸存；它们最终土崩瓦解，而又不断重新形成。这样看来，权力和影响力显然不在个别家庭手中，所以也没有导致早期的王朝的建立。

青铜时代人们的知识水平究竟达到何种程度，这个问题我们可以通过德国萨克森-安哈尔特州的内布拉星象铜盘（Himmelsscheibe von Nebra in Sachsen-Anhalt）找到令人满意的答案。这件遗物是1999年盗贼在非法盗掘时发现的，当时他们要在古玩市场上以尽可能高的价格出售。幸运的是，有关部门及时得到了这笔文物交易的消息，从而将盗贼抓获并将其定罪。与星象铜盘同时被缴获的还有两把青铜剑、两个带边沿的青铜斧以及两副青铜丝圈臂镯，这些文物于公元前2000年代中期被一起埋藏在内布拉附近的中部山（Mittelberg）上。该铜盘是目前世界上已知的、最古老的星系图。它的直径为 32 厘米，重 2.3 千克。经科学鉴定，它的铸铜材料来自阿尔卑斯山东部地区。

有趣的是，该铜盘曾多次经历图形的修改、变更、处理。最初它上面镶嵌有 32 个圆形小金片，这显然是表示星星的，其中 7 颗星星彼此尤为接近，似乎是在重现金牛座的昴宿。另外，还有一个用金片镶嵌的大圆盘，不是代表太阳就是代表满月的，以及一个月牙形的金片镶嵌，这显然是表示渐圆的月亮。第二次修改处理时，在铜盘左、右两边增加了金质弧形地平线，可能分别表示日出和日落。在第三次修改时，铜盘下方接近边缘的部位又被镶嵌上一个弧形金片，上面刻有两条平行线。第四次，也就是最后一次修改——大约在铜盘被埋藏的前不久——左边的弧形地平线被去掉了，在铜盘的边缘又冲出 40 个小圆孔，显然是为了将铜盘固定在某一背衬上的。

针对铜盘上的各种图形有许多不同的解释，其中大部分是凭空臆想出来的。但能肯定的是，这面星象铜盘记录了当时人们对星空天体的准确观察。或许铜盘被用来把握一年中的各个季节，帮助提示农耕劳作的关键时节，或者帮助确定每年的夏至和冬至。不管人们怎样解释内布拉星象铜盘——事实是，它是人类历史上对宇宙的最古老的描绘，比目前为止我们知道的埃及同类遗物要早 200 年。因此，这一发现为揭示中欧青铜时代的义化关系和能动性投下了一束新光。尽管距离文明形成的道路还很遥远，但是那个时代人们的经验和知识已经完全可以取得这样一种令人不可思议的抽象思维（脑力劳动）的成就。

近东的早期帝国

神君、建筑工匠与官僚

第六章

埃及古王国时期的吉萨金字塔。

古代近东文明的形成 🔍

　　公元前 10000 年代至公元前 7000 年代之间，在所谓肥沃的新月地区，随着人类的定居生活和对动植物的驯化及培育，其自然、经济和文化等方面的条件都从根本上有所改变。这种在人类历史上也许是最有影响的变化，为东方最古老文明的形成创造了必要的前提条件。伴随人口的增长，聚落内部组织调控的需求也在不断增长，这就导致了包括领导人在内的各种复杂社会结构的出现，建起了设有防护设施的中心居住地，首次建立了各种机构，形成领土观念，劳动分工越来越细致和专业化，技术创新，甚至出现了有组织的远程贸易。这是一条从乡村到城镇的发展之路，这条路——与世界各地相比——当时在近东地区首次被开创出来。

公元前 7000 年代中叶后不久，在美索不达米亚出现了哈苏纳（Hassuna）文化，它首次创造了高质量的彩绘陶器。哈苏纳文化时期，不仅在纺织生产中有明确的劳动分工，而且更重要的是我们已经找到最早的有关管理方面的证据，如在骨头上刻的符号，显然是各种计算程式。此外，公元前 7000 年代晚期，人们已开始将图章标记在个人私有财产上，以此防止他人侵占。所有这些因素都说明，在文字发明数千年以前，社会上就已经有了一种非常发达的对（私有）权利的理解，以及各种约定俗成的规范和秩序。

在公元前 7000 年代向公元前 6000 年代过渡的时期，萨迈拉（Samara）文化发明了人工灌溉技术，以提高农业产量。无论是对这些在科学上被称为灌溉设施的规划、建设和维修，还是对剩余产品的分配，都需要有一个中央组织和管理机构，这种组织管理结构实际上就是后来滋生政治权力的温床。随后而来的哈拉夫（Halaf）文化，已经拥有早期的冶金技术，从公元前 6000 年代起首次在两河流域较广阔的地区传播、流行。最显著的变化反映在当时居住区的不同规模上。在美索不达米亚的历史上，以前的居住地从未达到如此规模：除了众多小型至中型哈拉夫村庄之外，首次出现了一些占地面积超过十公顷的中央居民点。

埃里都和乌鲁克——第一批城市的出现 🔍

这种发展趋势在公元前 4000 年代初的欧贝德（Obeid）文化中得到了加强。在埃里都（Eridu）——欧贝德文化中最重要的大型聚居地之一，出现了聚落公共建筑，它们已经可以被称为寺庙。埃里都在巴比伦的记载中甚至被命名为地球上的第一座城市，这充分体现了该中心居住地的重要性。居住点明确的等级分化，在社会结构上对整个地区发挥着巨大作用，导致随后政治实体的形成，其最高领导者为社会精英。不足为奇的是，在欧贝德时期，自美索不达米亚北部至波斯湾南部流行着基本统一的物质文化。另外，当时还开创了一个跨地区的商业联系网络。在南方，欧贝德陶器经海路到达巴林和卡塔尔，向北至安纳托利亚高原。

自公元前 7000 年代的这种文化发展，到了公元前 4000 年代，终于在乌鲁克（Uruk）文化时期达到了高潮。在乌鲁克时期，美索不达米亚的人们取得了一些关键性的创新，这些创新从根本上改变了他们的生活。快速旋转陶轮的发明，使得大批量生产标准化的陶器首次成为可能。公元前 4000 年代，日益严重的干旱和以城市为主的中心居住地人口的急剧增加，迫使农业产量显著增长，这主要表现为渠道和灌溉系统的广泛扩建。与此同时，聚落居住点的等级化达到了高潮，主要反映在防御设施的设置及其内部经过精心规划、设计的城市型居住中心。它们发挥着行政、商业和统治中心的作用，并伴随着职业专业化，以及政治、宗教权力的加强。这种新的社会关系，也充分反映在这些早期城市内大型建筑的设计修建：巨大的寺庙和装饰得有代表性的宫殿。另外，建在土台上的建筑物已采取了经典的美索不达米亚通灵塔，即阶梯寺塔的建筑方法。

埃里都之后，乌鲁克通常被称为人类最古老的城市。在历史上首次出现了一种真正的城市生活，伴随它的是人口的空前增长。为了阐明这个城市的规模，我们应该提到，乌鲁克在公元前 3000 年代的城墙，其周长超过 5 千米，占地面积已经比基督教诞生前的古罗马城还要大，而且无论如何都比德国大多数中世纪的城镇大。在此期间，作为一种新型统治形式的中央机构，形成了神职人员的制度化和以宗教为基础的君主政权。而且，属于乌鲁克文化的城市也都是远程贸易的中心。商路继续发展，达到了前所未有的规模，连接着从波斯湾到地中海之间众多相距很远的区域。假如没有引进新的管理手段，没有公元前 4000 年代由它最终引发的文字的发明，就不可能使这一切得到有效的调控。所以说，成长迅速和规模庞大是这个时期政治和社会等方面发展随处可见的特征。为了满足这种发展趋势，在艺术方面也出现了新的表现形式——大型雕塑。

在乌鲁克文化后期，美索不达米亚在公元前 4000 年代末期跨越了文明的门槛。而自公元前 3000 年代起，两河流域以其两个新兴的政治因素，即北方的亚述和南方的巴比伦，在后来的几千年中，直到最后的伊斯兰时期，都在持续不断地发展壮大整个文明的力量。伊拉克南部的什叶派（Schiiten）和北部的逊尼派（Sunniten）——不仅在宗教

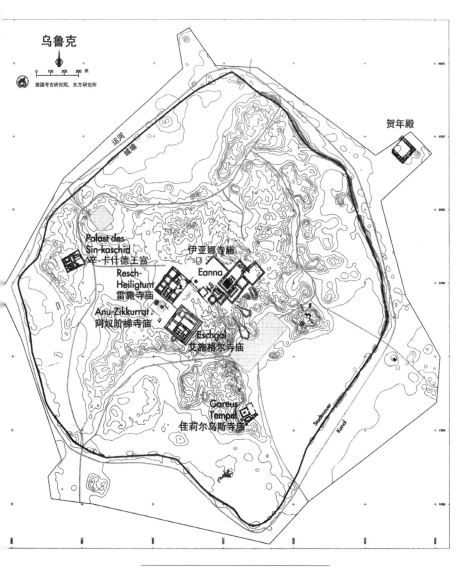

乌鲁克

0 100 200 300 米

德国考古研究院，东方研究所

贺年殿

运河 城墙

Palast des
Sin-kaschid
辛-卡什德王宫

伊亚娜寺庙

Resch-
Heiligtum
雷施寺庙

Eanna

Anu-Zikkurrat
阿奴阶梯寺庙

Eschgal
艾施格尔寺庙

Gareus
Tempel
佳莉尔乌斯寺庙

Stadmauer Kanal

公元前 3000 年代苏美尔城市乌鲁克平面图。

方面——即便到今天也依然没有统一，从而在基本特征上仍然忠实于
其远古历史。

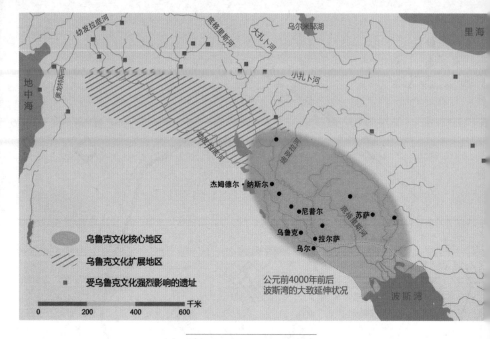

乌鲁克文化传播及其辐射地区。

埃及的崛起

在旧世界①各地，从河流学角度看文明的形成，即建立在大河治理基础上的文明，它们的兴起都是以农耕为源头的。这一点也适用于埃及尼罗河流域的发展。在那里，人们一方面获利于中东地区的许多创新，而另一方面利用越来越多的移民，特别是公元前4000年代从撒哈拉沙漠那里迁徙过来的移民。撒哈拉沙漠的气候变得异常干燥，致使那里的生存条件日益恶化，导致居民外流迁移到尼罗河谷地带。

①　亚洲、非洲和欧洲，不包括美洲和大洋洲。——译者注

当中东早已过渡到生产经济时，在埃及的法尤姆（Fayum）和上埃及的尼罗河谷，人们仍然过着采集和狩猎的生活。由于猎人、渔民和采集者的生活条件非常优越，所以那里的人们没有必要通过农业生产来谋求自己未来的生计。如果一个生存空间因其得天独厚的自然环境有利于采集和狩猎生活，人们就称之为生态制动，因为大自然的富饶会阻碍文化、生活等各方面继续向前发展。

自公元前6000年代中期以来，农耕和定居生活逐渐在尼罗河流域的许多地方和法尤姆地区广泛流行。农耕技术有可能是从中东引进的，可以肯定的是，人们从那里学会圈养绵羊和山羊。牛就不同了，它是在撒哈拉被独立驯化的，而不是依靠近东的文化中心。撒哈拉东部的一些遗址〔纳布塔普拉雅（Nabta Playa）和比尔基赛巴（Bir Kiseiba）〕证明，在公元前8000年前后已经首次出现陶器和家畜牛。牛的驯养自此影响了非洲北部广大地区的生活方式，在那里人们开始从狩猎采集过渡到游牧生活。牧牛作为对狩猎和采集的补充，扩大了人们的生活范围，巩固了经济基础，但没有从根本上进行彻底变革。最迟至公元前4000年代初，埃及各地出现了一个全面发展农业的时期，包括农耕和畜牧。

到此时为止，埃及尼罗河流域的北方在各方面发展上总是比南方提前一些，这与吸取来自中东的各类创新成果有直接关系。到了公元前4000年代早期的奈加代（Naqada）文化时期，情况逐渐发生逆转。奈加代文化起源于上埃及，并从那里向北辐射传播，在其日益扩展的末期，它首次遍布埃及尼罗河谷几乎全部的区域，从而为后来埃及帝国的建立打下了基础。

公元前3200年是奈加代文化的最后阶段，即奈加代三期，等同于所谓的零王朝或称前王朝时期。零王朝的皇家陵墓已在阿比多斯（Abydos）附近被发掘。那里发现的最古老的遗物上有埃及最早的象形文字。这些文字表明，象形文字的发明不受两河流域苏美尔人（Sumerer）的影响，而且甚至有可能比苏美尔的楔形文字还要早一些。从中我们获悉了属于零王朝时期一些埃及小国国王的名字。公元前3150年，在上埃及统治下，整个尼罗河流域终于取得了政治上的统一。从其发展演变的过程可知，零王朝时期看来是一个争霸不息的时代。相关情况在著名的纳尔迈（Narmer）石板上有所体现，上面描绘了对北方的征服，以及纳尔迈战胜一位下埃及国王的情景。在古埃及人的记忆中，零王朝时期国家的统一是一件具有深远历史意义的大事，在此之后每逢法老登基其大典仪式都要重复。

法老王朝的开端 🔍

埃及法老帝国的统治时间是从零王朝开始，直至公元前332年亚历山大大帝征服埃及为止，即希腊—马其顿外族统治的开始。古埃及的历史分为王朝、帝国和中间期。马涅托（Manetho），一位希腊化时期——即以亚历山大征战为开端的、希腊文化随之在世界各地广泛传播的历史时期——的历史学家，当时知道三十一个王朝。古埃及法老的纪年表大部分丢失了。第五王朝所谓的巴勒莫（Palermo）石碑是一个例外，上面记载了古王国时期的法老。另外一个重要史料来源是第十九王朝流传下来的、现存于意大利都灵的法老草纸，上面记载了包括第十九王朝在内的所有法老的纪年表，并将法老归纳成几组，这大致相当于马涅托所知道的几个朝代。因此，作为历史纪年基础的埃及法老王朝的计算，在很大程度上是可靠的。

金字塔的营建 🔍

在今天一些德国人眼里，古埃及考古被误认为就是研究吉萨（Gizeh）金字塔和奈费尔提蒂（Nofretete）塑像，因此，我们应该首先观察一下这两种现象。法老帝国初期的明显标志是，当时没有固定的都城，法老和他的随从总是乘船从一个住地迁往下一个住地。届时，当地较大的神庙被临时当作行政中心。法老的统治变成了圣神的准则，依据这一主导思想，当政的国王被视为与圣神等同。圣神荷鲁斯（Horus）处于从人君到圣神统治者的过渡，而法老被认为是圣神荷鲁斯在人世间的化身。由此，法老取得了优越的，甚至是神一般的地位。从这种独占权力地位的角度出发，法老享有全部实质性的权力和绝对垄断。他不仅是其臣民劳动力的唯一拥有者，而且也是土地和所有农产品的主人；他派遣特使去遥远的地方，并控制着对外贸易。

公元前 2700 年至公元前 2160 年的第三至第六王朝属于古王国时期，这是兴建大型金字塔的时代。第三王朝最重要的法老是左塞尔（Djoser），他下令修建了著名的萨卡拉（Sakkara）阶梯金字塔——这是第一座全部用石料建成的金字塔。阶梯金字塔设计的基本构思，是把它作为天梯，以方便死者升天去见圣神。距离萨卡拉不远处是孟菲斯（Memphis），古王国的首都，但其准确的地理方位迄今尚未确定，想必它早已被埋藏在几米深的尼罗河淤泥之下。继左塞尔的阶梯金字塔之后，又出现了代赫舒尔（Dahschur）的曲折金字塔，它的修建者被认为是第四王朝的第一位法老斯尼夫鲁（Snofru）。关键是，从那时起金字塔还附加了一座位于沙漠和肥沃土地之间的谷地神庙、一条堤道、一道边墙以及一座竖立于金字塔东侧的葬祭殿。除此之外，还有附属金字塔[①]以及配备陵区管理和祭奠服务功能的所谓金字塔城。

斯尼夫鲁的儿子胡夫[②]，随后在吉萨建立了古代最大的金字塔，其边长为 230 米，高为 147 米。在金字塔的周边，共发现了四艘用黎巴嫩雪松造的木船，为的是让死去的法老乘这些木船渡过天空水域。吉萨的第二和第三座金字塔属于他的继任者哈夫拉（Chephren）和门卡乌拉（Mykerinos）。

金字塔象征法老的极端权力和极权秩序。但圣神之子的统治原则随着古王国后期的到来而逐渐走向末日，国王的统治秩序发生了变化。

---

① 这里指附加在法老金字塔旁侧的王后和祭祀金字塔。——译者注
② 原文用 Cheops，古埃及语为 Chufu，即胡夫。——译者注

这种世界观的转变是经济困难所造成的。饥荒、动乱和影响深刻的社会动荡，使这个被称为第一中间期的时代不允许中央权力的存在，直到公元前 3000 年代向公元前 2000 年代过渡时期中王朝的确立。

永不陨灭的古埃及王后 🔍

▼

1912 年，德国考古学家路德维希·博查特（Ludwig Borchardt）在埃及中部的泰尔·阿玛纳（Tell el-Amarna）遗址发掘时揭开了古埃及历史上另外一个迷人的时期——公元前 1348 年至公元前 1318 年间，随着迁都阿玛纳，法老阿蒙霍特普四世阿肯纳顿（Amenophis Ⅳ Echnaton）下令让他的臣民过渡到信奉一神教，古埃及有可能发生了根本性的转变。这表现为在国家政权机构、法律、宗教和艺术等方面的完全逆转，与几千年来的古老传统背道而驰。今天，比下令推行和实施所有这些转变的阿肯纳顿更著名的是他美丽的王后奈费尔提蒂，尤其是自从发现了她的著名半身肖像以后。自此，它给埃及的历史献上了一副特殊的面容。

按照当时的惯例和约定，出土文物由埃及和德国协商平分后，奈费尔提蒂半身像和无数其他物品一起被运到了柏林。根据当时的法律，为发掘工作出资者拥有德方分得出土文物一半的所有权。作为阿玛纳发掘工作的资助人，奈费尔提蒂半身像和其他文物最初属于詹姆斯·西

家庭神龛浮雕像，表现法老阿肯纳顿和他的王后奈费尔提蒂及其三个女儿沐浴在太阳神阿顿的光芒之下。

蒙（James Simon）所有，他是柏林各大博物馆的鼎力赞助人，后来他将这些文物，包括著名的奈费尔提蒂半身像，赠予柏林埃及博物馆。20 世纪 20 年代，奈费尔提蒂半身像和其他来自阿玛纳的艺术品首次展出，从根本上改变了人们对古埃及文化的认识，从而创造了一个神话。奈费尔提蒂半身像，通过其接近生活的塑造和对美丽气质的逼真表现，同人们熟识的埃及其他格式化和形式化的艺术作品明显地拉开了距离，再加上对王后塑像近乎完美的追求，使它打破了迄今为止古埃及的艺术传统。

由于这尊半身像的重要性，学术界和有关方面经常就当时是否公平合理地平分了文物争论不断，埃及文物保护当局的代表偶尔会提出索还奈费尔提蒂半身像的要求。事实上，平分文物这件事本身完全符合当时各项有效的法规，因此，埃及政府从未公开索还这尊半身像。有人宣称，发掘者路德维希·博查特将半身像——抹上泥土——藏在一个箱子里，从而在检查和平分出土文物时欺骗了埃方。但这一说法与事实不符，因为埃及方面在平分文物之前就已经通过奈费尔提蒂塑像的照片充分了解了这一重要文物。

考古所承担的责任　　　🔍

奈费尔提蒂现在是埃及和埃及文化在柏林最好的形象大使。每年在新落成的博物馆北拱顶大厅，它都会迎来成千上万来自世界各地的游人。奈费尔提蒂已经成为柏林博物馆岛的圣像，并成为世界文化遗产的卓越象征。即便奈费尔提蒂在柏林是合法的，但这尊塑像摆放在德国首都柏林的这一事实，就要求我们对它的故国尽特殊的义务。现在，我们是通过各种合作方式来尽这种义务的，其中包括：为埃及博物馆培训专业管理人员；联合开展研究项目，如有埃及学者和青年研究人

著名的奈费尔提蒂半身塑像。

柏林博物馆岛新馆北拱顶大厅展出的奈费尔提蒂半身塑像，每年迎来送往数以万计的参观者。

员参与的对阿玛纳发掘工作的整理，以及支持和帮助埃及在阿玛纳建立博物馆等。承担共同的责任、实现共同参与，标志着双方未来合作的形式。文化财产所有权属于全人类；我们这些在博物馆合法收藏这些艺术品的人，仅仅是负责管理这些文物的人。今天对国际合作提出了新形势下的挑战：我们必须帮助文物所有国提高和发展其专业水平，在他们遇到困境时予以支持，并在平等互利的基础上将他们纳入伙伴性关系网络之中。

今天，谁要索还一个多世纪前合法出境的文物，那就没有认清真正的问题所在。非法考古——准确地说，就是不负责任的盗掘——如今正威胁着全球人类文化遗产。近来，国际上非法文物交易呈现大幅度跳跃式发展，交易额达到数十亿。特别是在伊拉克——人类文明的发祥地之一，在美军进入后，其文物蒙受了令人难以置信的损失。不仅巴格达国家博物馆被洗劫一空，更有无数的考古遗址遭到严重的乱掘和破坏。无视人民、鄙视文化的伊斯兰极端主义分子不仅破坏文化遗产，还通过非法文物交易进行融资。他们的野蛮行径激起了极大的民愤。那些被盗掘的文物由于脱离了它们所在的遗址，在很大程度上丧失了其科学研究的价值，它们被剥夺了它们的历史。有关政府主管部门和文化机构代表必须尽一切努力制止非法文物交易，从而防止文物古迹遭到进一步的破坏。为达到这一目的，制定相应的古董贸易法律法规是十分必要的，尤其是在德国。

一个变化中的世界

经济危机、宫殿被毁、宗教变迁

第七章

著名的丹麦特隆赫姆太阳车，属于北欧青铜时代早期（公元前 14 世纪）。

世界上最古老的和平条约

🔍

公元前2000年代，埃及、巴比伦和亚述主宰着近东的命运。在安纳托利亚中部，赫梯人（Hethiter）作为另外一股势力出现，他们不断扩大其势力影响范围。埃及、巴比伦和亚述的统治者都把赫梯国王作为同级伙伴相处对待，与他们保持个人联系和贸易关系。外交信函分别保存在阿玛纳（Amarna）的档案馆和在赫梯首都哈图沙（Hattuscha）的王室城堡内。伙伴关系当然并不意味着永恒的默契，公元前1274年终于在卡迭石（Kadesch）附近——位于今天的叙利亚，离霍姆斯（Homs）不远处——发生了埃及法老拉美西斯二世（Ramses II）和赫梯国王穆瓦塔里二世（Muwatalli II）之间的争战。因为这场战争未能最终解决近东霸主问题，拉美西斯二世和穆瓦塔里二世的继任者哈图西里三世

（Hattuschili Ⅲ）签订了迄今所知保存下来的世界上最古老的国际和平条约。作为和平的象征，这个和约的复制品在纽约联合国总部大厦被陈列展出。

赫梯帝国的首脑称大王，他同时兼任大祭司、法官和军队统帅。在他的下面有下属诸地区的国王和政府衙门，他们都要通过向大王个人宣誓，承诺其应尽义务。赫梯人突破性的创新是在公元前 2000 年代

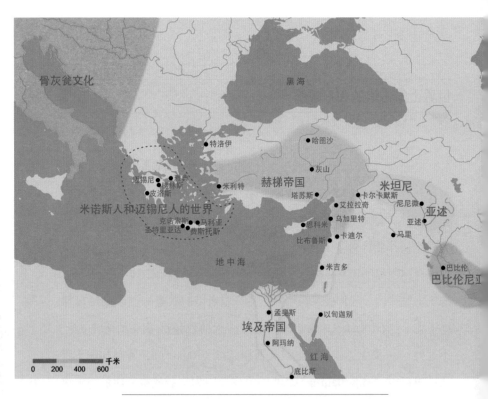

公元前 2000 年代末期地中海中、东部和近东的势力格局关系。

开始铁的冶炼和加工。楔形文记载了有关方面的情况，并描述了各种硬化铁的方法，但在考古发掘中很少找到这一时期的铁器物。然而，位于今勃尕卡尔村（Boğazkale）的国都哈图沙为我们提供了赫梯各个历史时期纪念性建筑的杰出范例，它们见证了这个文明的代表者当时所拥有的伟大的技术技能。

赫梯帝国的覆灭大约发生在公元前 1200 年。正如到处都是厚实的灰烬层和大规模破坏痕迹所证明的，这场大动荡波及安纳托利亚中部所有中心城市。在大多数情况下，这些城市过了几个世纪之后才又有人居住。赫梯城市没落的原因目前仍不清楚。也许是大规模的内乱发挥了至关重要的作用。据楔形文资料记载，当时从埃及和乌加里特（Ugarit）运来谷物进行援助，因为在赫梯帝国中心地区粮食歉收，导致大规模饥荒。此外，还考虑到安纳托利亚内的喀什凯尔（Kaschkäer）和其他部落的冲突可能引起内讧。在相关讨论中，有人不断援引埃及史料中记载的"海上民族风暴"的情况。事实上，就是在公元前 1200 年的那段时间里，地中海东部的许多地区出现了令人瞩目的民族迁移。

米诺斯文明的兴衰

这些根本性的变更也触及了克里特岛、爱琴海岛屿和希腊大陆。克里特岛的青铜时代被认为是欧洲最古老的文明；依据神话传说中的米诺斯（Minos）国王，这一时期的文化也被称为米诺斯文化。自公元前4000年代后期，克里特岛上的居民人口急剧增长，其原因主要是农业方面的重大创新。对这一时期开展的考古工作，首次证实了橄榄和葡萄的栽培。除了较小的村庄之外，还出现了中央居住地，在那里金属加工和其他手工业集中于城墙之内。拱顶墓作为重要人物的墓葬从侧面反映了文化的繁荣，而文化繁荣也导致了社会上层的形成。在此期间，在克诺索斯（Knossos）、马利亚（Mallia）和费斯托斯（Phaistos）出现首批宫殿。它们是行政及宗教、政治精英的驻地。

公元前1700年前后，这些宫殿被一次大地震所摧毁，但随即又被重建起来。米诺斯文明带来了出色的壁画和欧洲最古老的文字。除了一种象形文字符号系统之外，还出现了线形文字A。通过与后来已经被看作希腊文最早雏形的迈锡尼人的线形文字B相比较，虽然找到了一些解释线形文字A的办法，但始终无法真正破译。

公元前15世纪中期，米诺斯宫殿最终覆灭，从此这种文化再未得到恢复。显然，克里特岛被来自希腊大陆的迈锡尼人征服，迈锡尼人将自己的势力范围经爱琴海诸岛一直扩展至克里特岛和小亚细亚（Kleinasien）西海岸。关于米诺斯文明覆灭的原因有很多猜测。有人认为这很有可能同锡拉岛（Thera）〔圣托里尼岛（Santorin）〕的剧烈火山爆发有关，由此引发的海啸不仅会袭扰克里特岛北部海岸地区，而且也会在岛屿中心地区造成大规模的破坏。无论如何，米诺斯文明的衰落，从所测定年代的角度上看，与所谓的"海上民族风暴"无关，因为它在时间上明显要早很多。

在时间上同米诺斯文明相并行，公元前 2000 年代期间，迈锡尼文化在希腊大陆逐步发展起来。在迈锡尼文化初期，修建了由海因里希·施利曼在迈锡尼（Mykene）城堡入口附近发掘的圆形竖穴墓，其文化的命名来自这个城堡的名字。在那里，施利曼发掘了一批公元前 17 世纪统治精英的墓葬，内含黄金面具和其他豪华的随葬品。这之后，在希腊的大部分地区出现了一些迈锡尼独立小国，其中心居住区都修有防御工事，中间是宫殿。这其中包括皮洛斯（Pylos）、阿尔戈斯（Argos）、梯林斯（Tiryns）、底比斯（Theben）、雅典（Athen）和迈锡尼等城堡。这些建筑的基本特征就是所谓的巨石砌筑，得名于建筑中使用的巨石块。由于石块如此之大，所以人们无法想象这是人力所为。公元前 13 世纪是迈锡尼文化的鼎盛时期。当时迈锡尼商品，特别是容易辨认的迈锡尼陶器，畅销于地中海的广大地区：在地中海东部诸国和岛屿，在安纳托利亚中部，在意大利南部，甚至在伊比利亚半岛都有考古发现。

然而，迈锡尼文化不仅对地中海地区影响很大，而且也与黑海地区、喀尔巴阡盆地以及德国南部保持着贸易联系。在那里首次建起了青铜时代的城堡，作为统治和权力的中心。在德国南部，弗赖辛（Freising）附近的贝恩斯多夫（Bernsdorf）遗址就属于这类最大且最重要的设施。这个建有防御工事的高地居住地占地 13 公顷，其 2 千米长的土木建筑围墙用橡树树干约 4 万根。它位于从波罗的海通向意大利和喀尔巴阡

希腊迈锡尼城堡遗址。

盆地的琥珀之路旁边，其重要性和战略交通上的有利位置使得那里的居民富有；这些中心的精英们也可能与南方迈锡尼上层有或多或少的联系。这恰逢迈锡尼修建有丰富的黄金首饰的竖穴墓时期。在贝恩斯多夫同期也发现了值得注意的黄金物品：针、一副冠状头饰、一块项链金片、两只手镯、一条窄的裤带和一个权杖手柄——所有这些都是用薄薄的金箔制作而成的。由于这些物品都极其脆弱，所以有人推测，它们不是供当地精英佩戴的，而是用来装饰一尊木制的崇拜偶像或神像的。但这些物品也可能是葬礼用品。由于这些物品所用黄金的纯度很高，也不排除是现代赝品的可能性。

公元前1200年后不久，所有迈锡尼文化的中心城市都消失了。这一过程的原因目前仍不清楚。一些人将原因归咎为资源紧缺，分配资源产生冲突及内讧。另一种理论认为，外来民族打入迈锡尼的势力范围，并摧毁了他们的宫殿。线形文字 B 板上讲，皮洛斯是被外部敌人破坏的。这些理论和间接证据再次引发了"海上民族风暴"的论点，认为是"海上民族风暴"引起了地中海东部地区的动荡。

神秘的海上民族 🔍

　　"海上民族"（Seevölker）是新王国时期埃及史料中对外来民族的一个总称。他们在公元前 12 世纪初，拉美西斯三世当政时曾威胁过埃及。据说他们也摧毁了黎凡特（Levante，指地中海东部地区）的乌加里特和近东其他许多地方。在埃及凯尔奈克（Karnak）神庙铭文上记载了埃及人抗击利比亚人和海上民族联盟的战役。在梅迪内哈布（Medinet Habu）的拉美西斯三世的葬祭殿浮雕上生动地展现了外族：他们头戴羽冠头盔、牛角头盔或头巾；他们的典型服饰是短裙；他们的武器装备包括甲胄、圆盾、标枪、长矛和剑；他们的船上张着帆，船头和船尾饰有夺目的鸟头。至于这些"海上民族"的身份，有许多推论，但没有一个令人真正信服。

　　据一项新理论分析，"海上民族"不是外族侵略者，而是那些受饥饿驱使而四处烧杀抢掠的当地叛逆者。事实上，当时的史料确实记载了由于农作物歉收而造成物资供应短缺和饥荒。就是在今天，人们谈起地中海地区，也不把它当作梦寐以求的生存之所，而是把它当作危机四伏地区的代名词。从南方来看，涌入的受迫害和绝望的人们直逼海边；在东部，伊斯兰政权玩弄权术，使该地区接近陷入政治军事冲突之中；与此同时，在其北部沿海地区，整个国民经济陷于弱势，他们决不想屈服于一个全球化世界里的"债务文化"。公元前1200年前后的地中海是否也同今天一样，变成一个危机重重、聚集"历史失败者"的深渊呢？公元前1200年前后，由政治制度的缺陷而导致贫困和受压迫的群众奋起反对他们的主人，最终造成那些爱琴海和地中海地区青铜时代的帝国逐渐走向覆灭，这个想法是十分诱人的。

以前的一些想法，即所谓"海上民族"是从北欧过去的移民群体，现在看来这应属于传说的范畴。虽然在埃及梅迪内哈布所展现的——头戴牛角头盔，手握圆盾、长矛、剑和盾牌，以及船头和船尾饰有鸟头——外族，令人联想到青铜时代晚期北欧文化圈的类似遗物和武器装备的绘画，但这些相似之处不能成为真正的证据，因为这些因素在当时整个欧洲普遍存在。

考古遗物所反映的中欧巨变

公元前1200年前后，在中欧的大部分地区也发生了大规模动乱。

这方面的情况在墓葬习俗的根本性变化上反映得最为清晰：公元前15世纪直至公元前13世纪为止，墓冢青铜时代主要盛行埋在封土堆下的土葬，而在公元前1200年前后，骨灰瓮文化在中欧和东欧的广大地区逐渐扩展。自此，死者总是被火化，他们的骨灰或是被放入墓坑或是装入陶瓮后下葬。这一事实充分证明了在转世思想方面的深刻变化，代表了史前欧洲殡葬习俗方面最根本性的变化之一。通过死者和其个人遗物在柴堆上的火化仪式，显然是要将死者在今世的各种物质表象有意地为其来世全部销毁。

在德国南部零星散布了一些富有阶层的墓葬，内有马车作为随葬品，例如在上巴伐利亚（Oberbayern）阿尔茨（Alz）河畔的哈特（Hart）遗址。在那里，死者和一辆马车、武器及其他随葬品一起在柴堆上被火化，然后骨灰和焦炭被放入墓室。出现这种情况的地方，都是在进行宏大的燔祭礼仪时，点燃硕大的柴堆，与今天东亚和南亚佛教、印度教隆重的火葬相似。

但是这种巨变不仅仅限于宗教领域。在欧洲也有武装冲突的迹象，这让人联想到爱琴海和地中海东部地区的动荡，尤其是在德国梅克伦堡州的托伦瑟（Tollense）河谷发现了公元前13世纪欧洲最古老的战场。在河两岸几百米的范围内，发现了120多名年轻男子的遗骸，他们刀伤尚未愈合，显然是在搏斗中战死的。从肱骨中仍然插着射入的箭头以及骨骼上的砍伤和箭伤，都不难看出战斗的激烈程度。显然，战亡者的躯体在一段时间内曾顺水漂浮，直到尸体腐烂，被河岸边的植被挂住，并最终在那里沉没。在对青铜时代的许多修有防御设施的城堡进行考古调查时，我们经常会发现暴力冲突的迹象。例如，在德国巴伐利亚州上弗兰肯（Oberfranken）的霍伊尼申堡（Heunischenburg），

德国巴登-符腾堡州普费芬根（Pfeffingen）遗址出土的骨灰瓮时期窖藏，其中青铜器具被故意斩断。

在那里的入口处显然发生过激烈的战斗。

当时在欧洲的许多地方战争因素无所不在，也影响到社会精英的自我表现。在他们的墓葬中，我们时常发现有大量的成套武器装备，诸如头盔、胸甲、臂甲、腿甲、圆形盾牌、剑和长矛，所有武器都是

中欧青铜时代晚期金帽，现存德国柏林国家博物馆新馆。

用青铜制作的。青铜时代晚期这些战斗精英的装备在欧洲的许多地方都有发现，从中能识别出它们的地区差异，有的出现在墓葬中、武器的窖藏中，有的沉入水底的献祭牺牲品中。

武装冲突、火葬习俗所反映出的人们文化和信仰的新动向，无数被沉入水底的献祭牺牲品以及窖藏牺牲品等，都是欧洲那个时代的广泛现象。窖藏遗物是青铜时代晚期从伊比利亚半岛到黑海的广大地区普遍出现的典型现象。这绝不是隐藏财物——动乱时期，人们埋藏他们的财产，希望待太平以后再取出来；相反，它们是祭祀神灵用的牺牲品。青铜器物被有意地且不可反悔地沉没湖底、河心或洞穴之中，由此献给隐于地下的势力。

这些窖藏文物的器物组合各不相同，但都遵循一定的规则或装备模式。比如，或是只有武器或首饰，或是二者混合，或是也含有青铜容器。特别令人感兴趣的是所谓的残破青铜窖藏，其中的青铜器物都被剁碎或者折断，即在埋藏前有意让它们失去原有的功能，变得无用。很明显，在破坏这些青铜物件时施行了极端的暴力——是出于宗教动机的，几乎是心醉神迷的行为，这对于我们现代人的思维习惯来说非常陌生，但其目的也非常明确，即牺牲品是专门献给神灵的，绝对不允许任何其他人取来再次使用。

一种非常特殊的遗物类别是所谓的金帽（Goldhüte），它们同这之前提到的遗物不同，很可能是由社会精英成员完整无损地埋藏起来的。大多数金帽是很早就被发现的，其发现者当时没有特别留意遗物被发现时的情况，所以不能具体说出它们的用途和功能。它们属于中欧青铜时代最重要、最富丽的遗物。有人不时提出这样的推测：金帽上丰富的纹饰是否可能有历法的功能，或者仅仅是有关信仰方面的图案。这个问题向来是有争议的，迄今为止尚未有一个明确的决断。

著名的特隆赫姆（Trundholm）太阳车，是1902年在丹麦被发现的，它彰显了北方文化历史中马车在祭祀中的意义。在一挂马车上竖立固定着一个圆盘，圆盘一面包金，而另一面没有包金，借此标明从白昼到黑夜的变化。特隆赫姆太阳车——全长60厘米——可能在祭祀活动和宗教列队游行中象征着太阳周期性永恒循环的神话。在欧洲的许多地方太阳圆盘也同鸟形船相结合：太阳不是放置在车上，而是放在一条船上，船两端一般饰有鸟头。这种太阳圆盘和鸟形船图案，由于其传播广泛，成为整个欧洲宗教的符号，而其真正含义迄今仍是一个谜团，因为那个时代尚未有可以解释这一切的文字材料。

青铜时代末期一个最重要的窖藏是在柏林北部埃伯斯瓦尔德（Eberswalde）遗址发现的。这个窖藏在公元前9世纪被埋入地下，其中包括装在一个陶罐里的八只金碗以及金锭、金首饰和金丝——显然是一位金匠的财产。勃兰登堡州青铜时代这一非凡的文物于1945年被苏联战利品委员会运到了俄罗斯，自此一直保存在莫斯科的普希金博物馆。与同样保存在俄罗斯的特洛伊的珍宝一起，埃伯斯瓦尔德窖藏对战利品问题有非常特殊的代表意义，这一问题在柏林墙和冷战铁幕倒塌二十五年后的今天，仍然在阻隔着德国和俄罗斯。

根据1998年所谓的杜马法案，俄罗斯宣布，所有仍在俄罗斯的德国文化资产都作为对德国战争破坏的赔偿成为俄罗斯的财产。然而，

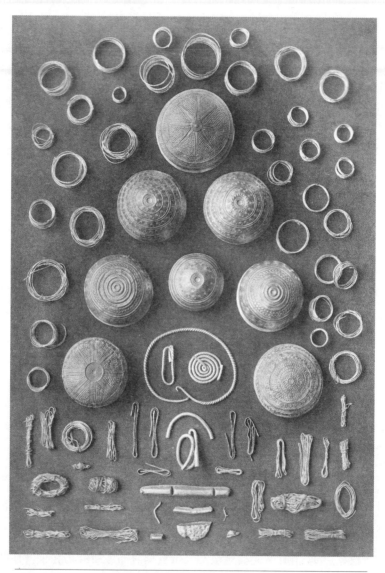

在德国柏林北部埃伯斯瓦尔德遗址发现的黄金器物窖藏，这是 1914 年发表的照片。

（1）

（2）

埃伯斯瓦尔德黄金窖藏全部（1）和部分器物（2），其原件在第二次世界大战后被作为战利品带回俄罗斯，现保存在莫斯科普希金博物馆。

这违背了国际法，德国坚持要遵循这一法规。德国和俄罗斯在政治和法律上的观点大相径庭，但在学术界，俄罗斯和德国的博物馆专家在很多年前就已经开展彼此相互信任和极其密切的合作，正如安格拉·默克尔和弗拉基米尔·普京于2013年6月共同在圣彼得堡冬宫揭幕的青铜时代展览所显示的。在这个展览里有许多来自德国青铜时代的文物，其中包括埃伯斯瓦尔德的黄金窖藏，首次展示在公众面前。只要问题得不到政治上的解决，德国和俄罗斯的专家就会共同承担起责任，并投入科学地研究这些曾经属于柏林博物馆的馆藏文物的工作中去。

现在还是让我们重新回到青铜时代：在公元前1200年至公元前900年期间，当时有大量青铜和黄金，在欧洲广大地区出于宗教动机被永久地沉没水底或深埋地下——这种对财富的舍弃在当时的社会简直令人难以置信。可想而知，那时信仰就已经能够移动大山。青铜时代晚期末尾，或者说公元前9世纪的骨灰瓮时代末期，欧洲和黑海北部草原诸文化的接触十分频繁和密切，当时在那里开始形成骑马游牧文化。这种发展最终导致新的马匹品种、新马具和新的进攻武器被从东方草原引入西方，迅速占领欧洲市场，之后同南欧的其他影响一起，结束了青铜时代，拉开了铁器时代的帷幕。

中欧迷恋南方的生活
葡萄和无花果、时尚和家具

第八章

希腊奥林匹亚的阿波罗神庙遗址。

腓尼基人的兴衰 🔍

　　公元前 1000 年代伊始，地中海地区发生了根本性的变化，这对中欧也产生了很多影响，使得中欧与地中海文明的接触日益密切。先是腓尼基人（Phönizier），然后是希腊人和伊特鲁里亚人，他们相继在南方扮演着主要角色。阿尔卑斯山以北受哈尔施塔特文化的大农场主和食盐领主的统治，这些人都在密切关注着南方所发生的事情。

　　这一切都开始于黎凡特海岸地区，从闪米特语族人中间形成了腓尼基人。公元前 1000 年至公元前 800 年间，腓尼基人在那里建立了许多城邦，如阿卡（Akkon）、比布鲁斯（Byblos）、西顿（Sidon）和提尔（Tyros）等，其中提尔很快就赢得了一定的霸主地位。提尔是腓尼基城邦中唯一拥有较大腹地的城市，使其可以养活城市中的居民。腓尼基人可以被视为目前已知最古老字母文字的发明者，后来的所有字母文字系统都建立在这个字母文字的基础之上。

由于亚述人的势力强大，所以腓尼基人不可能向东扩张。因此，腓尼基人把目光投向西方，并通过航海和贸易开辟了从塞浦路斯经西西里岛和北非直至伊比利亚半岛的大多数地中海地区。腓尼基人通过在古代被称为赫拉克勒斯石柱（Säulen des Herakles）的直布罗陀海峡，沿着摩洛哥海岸扬帆航行，甚至进入大西洋。在陌生的海岸，他们建立贸易据点，即所谓作坊群（Faktoreien）。迄今已知最南端的作坊群位于大西洋，今摩洛哥西部城市索维拉（Essaouira）对面的摩加多尔岛（Mogador）上。腓尼基人是否也到达了亚速尔群岛，甚至是否可能绕行非洲西部，这方面无据可查，仍然只是猜测。

在所有的腓尼基作坊群中，那些考古研究最佳的地方在西班牙南部的加的斯（Cadiz）和阿尔梅里亚（Almería）之间。在那里，腓尼基人尽管坚决与当地居民分开居住，但仍与他们保持密切的贸易联系，随着时间的推移还对他们的文化产生了影响。这种密切接触导致在塞维利亚（Sevilla）腹地瓜达尔基维尔（Guadalquivir）河口形成了传说中的塔尔特索斯（Tartessos）王国。在这个王国中，当地传统与东方风情相融合，形成了一种独树一帜的文化。

公元前6世纪，随着时间的推移，腓尼基人在地中海东部地区的母城逐渐失去了独立，变成新巴比伦王国的一部分。从这时起，他们在地中海西部的作坊群开始走上了独立发展的道路，并形成以突尼斯附近的迦太基（Karthago）为中心的布匿文化，后来成为新兴罗马帝国最危险的对手，直到罗马人通过三次布匿战争（前264—前241，前218—前201，前149—前146）将迦太基夷为平地。

古希腊人的大举殖民　　🔍

正当腓尼基人在地中海东部逐步失去其重要地位时，希腊人在西方崛起。在公元前8世纪至公元前6世纪的希腊殖民时期，希腊母城在希腊大陆——如科林斯城（Korinth）和墨伽拉城（Megara），或小亚细亚西部——如米利特城①（Milet）和福西亚城（Phokaia），在整个黑海地区，在意大利南部，在亚得里亚海（Adria）海岸，在西西里岛、罗讷河口（Rhône）及沿西班牙地中海沿岸邻近地区建立了殖民地。在东南，希腊人到达了塞浦路斯，随着瑙克拉提斯城（Naukratis）的建立，他们也到了埃及尼罗河三角洲。只有在地中海东岸地区，近东的大帝国妨碍了希腊人在那里永久落脚。

希腊人的这种殖民活动的作用和影响具有巨大的历史意义。不同于腓尼基人，希腊人不单纯建立贸易据点，而是建立希腊人的殖民城市，从而将希腊文化带到陌生的国度。尤其是意大利南部和西西里岛，经历了希腊的大规模移民。希腊的殖民绝对不是一个全面的、国家间的规划行为，而是一些零星事件的总和，其动机各不相同——人口过

① 通常译作米利都。——编者注

公元前 1000 年代早期，欧洲的腓尼基人，希腊殖民和哈尔施塔特文化。

伊特鲁里亚人城市的扩张和殖民（约公元前9世纪至公元前5世纪）

希腊本土和殖民区域

腓尼基人的核心地区

腓尼基人和布匿人的区域

■ 哈尔施塔特文化重要遗址

帕提塞斯河

达契亚人

皮莱托斯河

赫盘尼斯河

波利斯滕内斯河

塔奈斯河

斯基泰人

塔奈斯

奥尔比亚 ●

亚速海

● 法纳戈里亚

伊斯特罗斯河

● 伊斯特罗斯

黑海
（本都地区）

色雷斯人

● 阿波罗尼亚

● 锡诺普

法希斯 ●

● 埃庇达诺斯

● 拜占庭

● 阿波罗尼亚

拉

● 多多纳
德尔斐

厄勒索斯 ●

库马

卡斯

派拉霍拉

福西亚

科林斯

雅典 希俄斯

米利特

奥林匹亚

斯巴达

迪蒂玛

克尼多斯

● 罗多斯 ● 瑟里斯

艾米娜 ●

克里特

塞浦路斯

基蒂翁 ●

比布鲁斯 ●

地中海

提尔 ● ● 西顿

昔兰尼 ●

瑞克拉提斯

剩和内政局势紧张等因素，在这里起到了尤为重要的作用——并且希腊的殖民活动既有成功，也有失败。只有当我们回顾这一切时，各种殖民活动的尝试才显现为一种前后有关联的历史现象。

殖民的前提条件是流动性大和勇于承担高风险的企业家精神，荷马史诗也见证了相关情况。由于迈锡尼时的希腊人已经在西西里岛和塞浦路斯定居，并与地中海东部地区、埃及和伊比利亚半岛等地保持贸易关系，所以他们在古风时期对那些地区有着全面的了解，并建立了广泛的联系。每当殖民者出行前，他们通常去德尔斐（Delphi）询问神谕。德尔斐的祭神阿波罗（Apollon）因此成为殖民者和他们新建殖民地的特殊保护神。这也意味着，在德尔斐集中了各种移民计划，以及所遇到形形色色困难等方面的信息，因此那里的神庙成为希腊殖民活动的一种协调中心。

希腊殖民活动具有极为重要的文化史意义。希腊殖民城市的作用可以在意大利中部找到一些踪迹。在那里，伊特鲁里亚人（Etrusker）不仅接受了希腊字母文字，还特别热衷于希腊的各种艺术品，这反过来又影响了他们自己的工艺品。这种情况也同样适用于伊比利亚半岛的伊比利亚人或黑海北部海岸的斯基泰人（Skythen）。阿尔卑斯山以北的哈尔施塔特文化成为希腊文化传播的目的地。

中欧的哈尔施塔特时期

Q

公元前9世纪，青铜时代晚期或者说骨灰瓮文化结束后，在中欧大部分地区出现了新的文化关系。虽然青铜起初仍作为主要原材料，特别是用于首饰和金属容器的制造，但自公元前8世纪起，铁的冶炼和加工越来越重要。铁器时代早期由此揭开序幕。这一时代在中欧被称作哈尔施塔特（Hallstatt）时期或哈尔施塔特文化。由于铁和比它更硬一些的钢至今在我们的生活中仍占有主要地位，我们今天——可以这么说——仍处于铁器时代，尽管塑料和其他原材料的重要性在以往的几十年中不断地大幅提高。

伴随古代冶铁生产的一个重要现象是木材的消耗量非常巨大，因为冶炼铁矿石需要不计其数的木炭。这就导致了大片地区因大规模的森林砍伐而造成耕地被冲蚀（水土流失）。技术进步使得大量冶铁成为可能，但就是在那个时代，也要以大范围自然生态环境的破坏作为代价。此外，在冶铁中心地区，通过花粉分析表明，重金属引起了大规模的环境污染。所以说，在这样的"工业中心"附近生活，自铁器时代开始时就已经非常不利于健康了。

从骨灰瓮文化向铁器时代过渡时期，恰逢气候持续变化。大约在公元前9世纪中叶，整个北半球气候变冷并多雨。这就导致一些地区的居民背井离乡，到其他地方另谋生路。在阿尔卑斯山附近地区，直到骨灰瓮文化晚期，人们喜欢定居在湖岸，尤其是阿尔卑斯山西部和北部地区。在那里出现了庞大的、规划完整的干栏式建筑村落，这些村落，如上所述，也是青铜生产中心。但随着气候逐渐变湿变冷，湖水水位上涨，使得湖滨地区不再适合居住，这些村落最终被放弃了。

哈尔施塔特是公元前 8 世纪至公元前 5 世纪期间最重要的遗址，它位于上奥地利州的萨尔茨卡默古特（Salzkammergut，德文大意是盐矿庄园）——铁器时代早期就是以这个遗址命名的。在哈尔施塔特，早在 19 世纪就发掘了中欧最大的史前墓葬群。1000 多座墓葬中大多数都有非常丰富的随葬品；来自欧洲许多地区的首饰证实哈尔施塔特人广泛的贸易联系。丰富的物质生活及广泛的贸易关系的基础是哈尔施塔特地区拥有盐矿。这些盐矿自青铜时代就已经开始开采，是欧洲最富有的矿山。在墓地发现的进口（外地）遗物表明，盐在中欧许多地区是稀罕之物。哈尔施塔特的盐被视如白金，被到处贩卖，然后在贸易的最终目的地哈尔施塔特人再购买当地特产运回哈尔施塔特。除了萨尔茨卡默古特以外，其他史前盐矿开采中心还有奥地利萨尔茨堡（Salzburg，意为盐堡）南部的杜恩堡（Dürrnberg），以及德国易北河中部–萨勒地区（Mittelelb-Saale-Gebiet）今哈雷市（Halle）周围。所有这些地区都出现了富裕的聚落，包括随葬品丰富的精英墓葬和修筑有防御设施的中心居住地；这里发现的进口商品证明，当时横跨中欧的食盐贸易非常兴盛。

在哈尔施塔特时期，除了冶铁和大量食盐开采外，中欧社会还经历了另外一种革新：从东方大草原引入西方一种体型更大、奔跑速度更快的新品种马。它们在考古物质遗存中留下的痕迹是较大的马衔（马嚼子），其原型可在黑海地区和高加索北部见到。这种马衔在公元前 9世纪经过喀尔巴阡盆地传播到了哈尔施塔特东部地区。这恰好与哈尔施塔特武士装备的变化非常好地对应起来。在铁器时代早期，长剑再

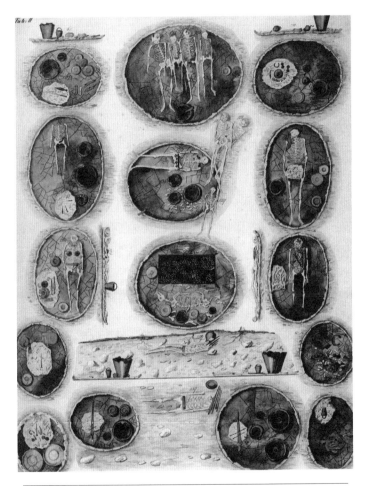

奥地利萨尔茨卡默古特哈尔施塔特遗址墓地发掘（1846—1863）的彩绘图。

次发挥着至关重要的作用。但由于对徒步搏斗的武士来说，这种极长的铁剑并不实用，所以我们可以猜测，它可能是骑马武士的特殊武器。这种可能性很大，因为佩剑武士的墓葬中也时常发现上述马具作为随葬品。但东方草原上的勇士们在那个时期尚不知道这种长剑，所以不是由他们那里传过来的，而是哈尔施塔特文化独自发明的。

对南方生活方式的向往 🔍

在公元前 7 世纪后期，哈尔施塔特社会首次出现了明显的社会分化迹象。在法兰克福市林场的一座墓冢中埋藏有一把格外豪华的铁剑，剑柄饰以金箔。一起出土的还有一套餐具和一个青铜碗，都是从伊特鲁里亚进口的。这些特殊物件不一定是正规的贸易商品，它们很可能是南方权贵送给北方越来越自信的哈尔施塔特公侯们的礼物。哈尔施塔特的精英们试图通过占有这些来自南方、象征权威的奢侈品，来向自己人显示他们的崇高地位，因为只有他们能够同当时认为一流的地中海文化保持如此特殊的关系。

与意大利北部和中部的伊特鲁里亚人以及法国南部的希腊人的这种关系，到了公元前 600 年前后是如此密切，以至于它们持久地改变了北方人的生活风格：公元前 8 世纪和公元前 7 世纪，哈尔施塔特文化初期，人们的服装是——完全保持青铜时代的传统——用长针别在一起的，而自公元前 600 年开始，替代这种长针的是意大利风格和意大利制作的服饰胸针，即所谓的菲贝尔（Fibel，类似现代的曲别针）。非常典型的是，这种新服式首先仅在德国南部被接受，在下一个时期才逐渐向北传播。偶尔在德国南部的墓冢中发现珍贵衣物的残迹，上面部分染有红色图案，还有编织得艺术性极高的镶边。这种红染料是从地中海一种含紫染料的蜗牛中提取的。此外，意大利的新鞋款式时尚，几乎同今天的情况一样，很快就影响了哈尔施塔特精英们的品味，如鞋尖上翘款式。

意大利的影响并不仅仅局限于时装。公元前 6 世纪后期，在德国西南部首次使用陶轮制作陶器，这种技术只在大批量生产陶器时才有意义，但那时根本没有这样的需求和必要。实际上，哈尔施塔特公侯们只是想显示他们模仿南方的生活方式，在这里就是仿造典型的伊特鲁里亚人的布凯罗（Bucchero）黑陶器，模仿的陶器只是珍贵原件的一种廉价仿制品，被用作餐具。南德大庄园主的这种炫耀，恐怕只能引来伊特鲁里亚显贵不屑一顾的微笑。表面上向被认为优越的南方文明看齐并努力追求等同的这些行为，估计只能在从未去过南方的那些人中引起惊讶和钦佩，而当时的哈尔施塔特的广大民众肯定就是这样。另外，阿尔卑斯山以北一定数量的人们肯定曾在当地亲身感受过南方文化的魅力，亲身体验了那里的生活方式，并在这种经历的基础上将南方文化特征提升为共同的高雅标准。但在史前史研究中很难用事实证明人们——小团体或个人——真正到过那些地方。像比这个年代更加久远的冰人奥茨那样的发现，从这方面来看确实是绝对的例外。

法兰克福市林场哈尔施塔特时期佩剑贵族墓，随葬品包括从伊特鲁里亚进口的青铜桶，公元前 7 世纪晚期。

人们对于南方生活特有的嗜好，也从装在双耳瓶里的葡萄酒的进口情况上有所反映。葡萄酒通常是来自公元前 600 年希腊建立的殖民地马萨利亚（Massilia），即今法国南部的马赛，通过罗讷河谷和勃艮第（Burgund），进入德国西南部哈尔施塔特文化的腹地。这时，希腊的精制陶器也在其列，特别是黑彩陶中的酒器，它们起初也是来自马萨利亚，后来才来自伊特鲁里亚。镶有象牙的器物，以及哈尔施塔特墓葬中出土的木腿残迹所显示的车镟木椅和木榻等纯正的地中海家具，绝非属于那时德国南部普通家庭的陈设，却同样标志着哈尔施塔特精英们的生活风格。只有这个统治阶层才享有特权，他们在那些营养不良而大为惊讶的农民面前，一边喝着葡萄酒，一边品尝无花果等异国风味水果。

霍赫多夫的凯尔特公侯大墓 🔍

哈尔施塔特公侯们在为他们阶层的成员修建墓冢时，其豪华奢侈的欲望达到了极点。这一点在德国斯图加特（Stuttgart）附近的霍赫多夫（Hochdorf）公侯墓中表现得特别明显。死者为中年男子，被葬于一个上方和四周用碎石覆盖的墓室之中，最后又在墓室之上堆积一个硕大的封土墓冢。墓室由圆木搭建而成，其内壁拉起帷帐并用鲜花装饰。在墙壁上悬挂着九个饰有包金花纹的牛角杯和死者的箭囊。死者身着精编细织的服装，躺在用獾毛和茅草铺垫的豪华青铜长椅上。在长椅的靠背上刻画有舞剑者和马车驾驭者图案，而长椅腿全部由女性塑像构成，在这些塑像的两脚之间各安装了一个轮子，从而使得死者安息的长椅能够被推动。整套长椅全部按照上意大利风格制作。

霍赫多夫公侯想在辞世时再次展示自己是一个见过世面的男子汉：他的鸭嘴鞋是意大利款式。他的那顶用桦树皮做的锥形帽子却反映出当地人的品味，并会被每一个了解伊特鲁里亚时尚的行家嘲笑。他的颈环、匕首、皮带包皮、全部首饰和鞋包皮都是用金箔制作的，显示出死者生前较高的社会地位。在他的脚下放置着一口来自意大利南部

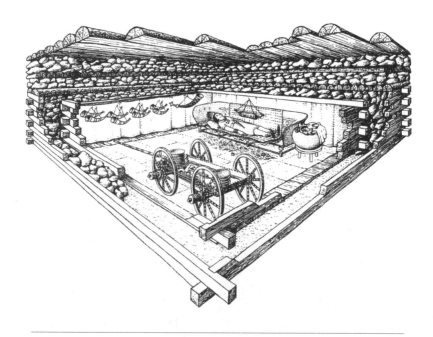

德国巴登-符腾堡州霍赫多夫的凯尔特公侯大墓墓室复原图，此墓修建于公元前 6 世纪末期。

这张航空影像反映了霍赫多夫的凯尔特公侯大墓发掘并复原后的现状。

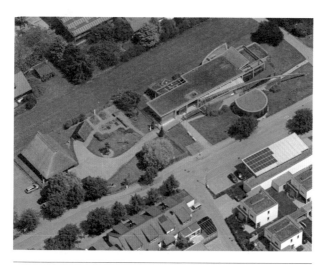

　　霍赫多夫的凯尔特公侯大墓向西 500 米处，是为展览该墓出土文物新建的博物馆。在修建博物馆停车场时，发现了同墓葬同期的聚落居住遗址，这是经过发掘后部分复原的土木结构建筑。

的青铜缸，里面盛有 400 升蜂蜜酒。蜂蜜酒用一个金碗从缸中舀出。在其侧面放置着两匹马的马具和一辆豪华四轮马车，车上装有屠宰用具和一套供九人丧宴用的青铜餐具。

墓室的陈设反映出人们对死者的英雄化，以及对死者死后会开始另外一种生活的信念。在墓坑边缘，他的后人建造了一个平台（二层台），这个平台很可能在葬礼仪式的过程中发挥过作用。也许人们在这里再次悼念停放在长椅上、经过防腐处理的逝者，并开始在丧宴上吃喝，举行各种比赛以及完成其他应做的事宜——总之，人们举行与希腊人和伊特鲁里亚人文字记述中十分相似的葬礼仪式。

霍伊讷城堡 🔍

位于多瑙河上游的霍伊讷城堡（Heuneburg）——一座德国西南部著名的哈尔施塔特城堡，以其土坯砖筑成的城墙作为纪念性标志，突出了它与地中海的密切关系。该城墙的地基是用石灰石严丝合缝砌筑而成，然后在上面用风干的、标准规格的土坯垒砌。这是适应欧洲南部干燥气候的典型建筑方法；对于多雨的北方来说，这种建筑方式是不太适合的，因为未经烧制的土坯砖很快就会被雨水浸透，从而不能再发挥其承受墙体压力的功能。因为墙体宽度和土坯的大小规格都与地中海的模式完全一样，所以霍伊讷城堡城墙或是由一位来自南方的建筑工匠，或是由一位在南方受过训练的哈尔施塔特建筑工匠完成的。明显带有南方建筑特征的是北城墙前沿有大量突出的矩形塔楼（即敌台，或称马面），这种防御建筑设施在当地从未见过。

该城墙围绕着一个约三公顷大的卫城，卫城内有排列成行的建筑物，其中包括作坊区，作坊区内含金属加工部分。环绕在卫城周围的是一个巨大的外城居住区。大约在公元前 6 世纪中叶，霍伊讷城堡被破坏，土坯砖墙被烧塌。之后不久，这个居住地又被重建，但它的内部建筑却回到了几百年来形成的传统的农庄格局。在多瑙河的发源地，意大利时尚、意大利饮食习俗，以及意大利建筑形式和生活方式，只是一个短暂的小插曲。也许是内部纠纷和动乱，骤然结束了哈尔施塔特统治者的南方生活方式；当然也有可能是当时的社会不能再为他们的统治者昂贵的生活方式提供钱财。霍伊讷城堡在这个文化变更后继续维持了几十年的时间，但其规模要比以前小得多，有节制得多，且更加趋向传统化和农村化。最终，它还是同哈尔施塔特时期所有其他城堡一样被放弃了。哈尔施塔特文化此时也逐步接近尾声。

　　位于德国南部哈尔施塔特文化晚期的霍伊讷城堡遗址，出土了筑有土坯墙和马面的城堡，包括卫城、外城以及城外大面积的居民区，建于公元前 6 世纪初期。

凯尔特人在欧洲

移民迁徙与经济崛起

第九章

德国黑森州格劳贝格遗址凯尔特公侯大墓出土的石雕像，当初是放置在墓葬封土顶端的。

拉登文化 🔍

公元前5世纪至公元前1世纪，在中欧广泛传播的拉登文化（Latène）取代了哈尔施塔特文化。这是凯尔特人（Kelten）的时代。凯尔特人是阿尔卑斯山以北第一个在历史上被记载下名字的民族。希腊历史学家赫卡塔埃乌斯（Hekataios）和希罗多德（Herodot）分别在公元前6世纪末及公元前5世纪已经记载，在阿尔卑斯山那侧（北面）居住着凯尔特人，其区域范围离匹勒聂（Pyrene）城不远处是伊斯特罗斯河（Istros），即多瑙河的发源地。这让我们得出推论，霍伊讷城堡可能就是在多瑙河上游的匹勒聂城，但这一推论并不能确定。这些历史信息指的是公元前6世纪后期，当时德国南部仍处于哈尔施塔特文化时期，有人将它们与凯尔特人联系起来，但是这种观点绝不是没有争议的。

拉登文化是以位于瑞士纳沙泰尔湖（Neuenburger See）的拉登（La Tène）遗址命名的，19世纪中叶在那里发现了铁器。我们至今仍不清楚，这些遗物是来自一个居住区还是——更有可能的是——来自湖中一个贡献牺牲品的祭祀场所。当时人们就认为这里的遗物比从哈尔施塔特墓地出土的文物要晚，因为人们了解来自公元前52年被恺撒征

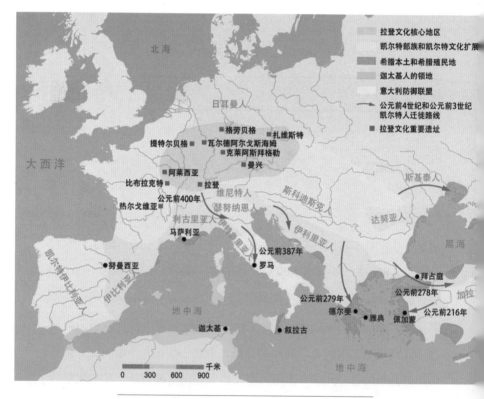

拉登文化的发源地和辐射地区，以及凯尔特人大迁徙示意图。

服的高卢城堡阿莱西亚（Alésia）的武器和器具，这些与拉登遗址出土的遗物基本相同。因此，拉登文化与高卢人或凯尔特人被视为等同。这两个遗址，哈尔施塔特和拉登，从此分别被作为铁器时代早期和晚期的代名词。

凯尔特人的拉登文化的突出特点是它的艺术风格，其艺术品不仅具有装饰性，还具有一定的象征意义，堪比中世纪和近代的十字架以及其他基督教标志。哈尔施塔特时期，几何图案占主要地位，而拉登艺术

德国莱茵兰-普法尔茨州瓦尔德阿尔格斯海姆遗址凯尔特早期女公侯墓出土的青铜桶和青铜壶。其中青铜桶是意大利进口的，而青铜壶是凯尔特本土的一个作坊自制的。

以植物和人物题材为中心。凯尔特人接受了伊特鲁里亚和希腊工匠的进口产品上的人物和植物元素，把它们吸纳后变成一个独立的凯尔特人艺术元素。然而，凯尔特人将希腊人和伊特鲁里亚人写实塑造的人面狮身像和人脸夸张成怪兽、鬼脸和恶魔。这充分表达出他们的幻想世界，也决定了早期凯尔特人的思想境界，但其真正意义我们今天已无法领会了。

格劳贝格的凯尔特公侯大墓

哈尔施塔特向拉登文化过渡的早期尽管有一定的变化，但相对于哈尔施塔特后期而言，显示出许多连续性。人们仍然继续将死者埋在墓冢中，甚至那些在哈尔施塔特时期建成的墓冢也在继续使用。但与哈尔施塔特公侯住地相比，早期拉登文化的中心继续沿着莱茵河从上游向下转移到莱茵河中游和摩泽尔河（Mosel）铁矿丰富的地区。铁矿的开采加工为这些地区带来繁荣和富有，这里广布着早期拉登时期的公侯墓葬。其特征——与哈尔施塔特晚期相似——是随葬品中丰富的黄金首饰和从南方进口的酒器，如伊特鲁里亚酒桶或鸭嘴壶以及希腊红彩绘陶酒杯。一个身处社会上层的男人死后，作为一名武士，他的墓葬中的随葬品有剑和长矛、盔甲和盾牌，同时首次出现了较轻便的双轮战车。

这张航空照片表现了格劳贝格遗址凯尔特公侯大墓发掘并复原后的现状。

拉登文化早期最有名的公侯墓是几年前发现的、公元前 5 世纪下半叶修建的所谓的凯尔特格劳贝格（Glauberg）公侯大墓。墓冢周围挖有护壕，墓冢直径达 68 米。墓室位于墓冢中心，内有葬礼祭奠遗留的残迹。在 350 米长的殡仪道路（神道）上，人们将逝去的凯尔特公侯抬到他最后的安息之地。墓室内，死者被安放在一床皮褥上。他戴着项圈、手镯、戒指和两只耳环，这些全部用纯金打造。死者的长袍是用青铜带钩扎起来的，菲贝尔胸针上装饰有动物和妖魔的头形雕塑。他的武器装备令人印象深刻，包括装在箭袋里的箭、六杆标枪、三杆

格劳贝格公侯大墓出土的精美随葬品。

长矛、一把装在修饰华丽的青铜剑鞘里的剑和一面盾牌等。

墓葬内的亮点与当时必不可少的酒宴有关：一把来自伊特鲁里亚的青铜鸭嘴酒壶。酒壶里装满了蜂蜜酒，然后被裹在一块亚麻布内，上面缠着彩带放置在墓中。酒壶边沿饰有小的人物造型，采用了凯尔特人的工艺风格：一位男子盘腿而坐，身着一副带有南方特色的铠甲，边缘饰有幻想动物和恶魔雕像。

然而，挖掘工作中真正轰动一时的发现是一尊高大的、用砂岩雕刻的武士像。出土的这尊石雕像显然当初是被放在墓冢顶端的。雕像与死者或者说与其装备之间的相似之处是令人惊叹的。雕像身着铠甲，与鸭嘴酒壶边缘的武士像相仿。此外，砂岩雕像上刻有一个上面装饰有三个苞芽的项圈、一副手镯、一枚戒指、一把剑和一面盾牌，这些在墓中都有相对应的实物。相似之处如此之多，以至可以推测，这尊砂岩石雕应当就是死者本身的造像。这究竟是一尊英雄的石像，还是牧师像或是神像呢？此外，石雕像头戴叶状冠冕，上面饰有像米老鼠两只耳朵一样的、在头部两侧向上突起的艺术造型。这些鱼泡状的饰物都带有拉登早期神秘装饰风格的特点。

凯尔特人骚乱的世界　　🔍

公元前400年前后，整个德国南部出现了一个根本性的变化，其结果是在公元前 4 世纪的进程中开始了一次真正大规模的移民运动，使得欧洲中部、东部和南部的大部分地区在很长一段时间内处于动荡骚乱中。随着这一转折的到来，拉登文化早期结束。从这时起，墓冢消失，人们将死者全部埋葬在地表之下，即所谓平地墓葬，地面上不再修建封土墓冢。在那里，人们将死者及其武器装备和服饰放置在简单的墓坑内，这些墓地反映出死者生前所在的各自村落的社会结构。仅有的少数在拉登文化早期仍然居住的山顶寨堡，到公元前 4 世纪时也都被遗弃了。这些寨堡中有许多在火灾中被烧毁，偶尔会在那里发现被草草掩埋的尸骨。一些考古学家也说发现了吃人肉的证据。如此说来，真是天下大乱了。

这些翻天覆地的巨变，与拉登文化在中欧东部、意大利北部和巴尔干半岛上的迅猛扩散蔓延在时间上相重合。在上述这些地方，自公元前 4 世纪末期开始出现凯尔特人的墓地和居住地。因此说，这些现象都应该是历史上记载的凯尔特人大迁徙在考古上的反映。导致这一突变的原因，我们尚不了解。农业歉收和人口过剩都有可能起到一定的作用，也有可能是内讧和凯尔特人不同群体之间的武力冲突导致的。我们可能永远不会了解其中的前因后果。然而，凯尔特人把意大利和希腊作为其四处抢掠的攻击目标并不足为奇，这些文化发展先进的地中海地区至少从哈尔施塔特时期开始就被视为"乐土"了。

凯尔特人在他们去南方抢掠途中给很多地方造成严重破坏——比如他们在希腊的德尔斐，抢掠了古代世界最重要的预言圣地——在某种程度上，这给他们在古史资料中留下了非常不好的口碑。而且，由于他们本身没有任何书面文字记载，我们对他们的了解都是通过他们的敌人所记录的历史描述。这一点我们在分析使用古代史料时必须始终加以慎重考虑。由于考古材料从一开始就不带任何倾向性，所以考古可以帮助我们在这方面保持较大的客观性。

在罗马古史资料中，罗马人把凯尔特人在公元前387年攻占罗马城视为一次格外严重的武装冲突。当时凯尔特人甚至围困了罗马城的中心卡比利欧山（Kapitol）——据史料记载——在凯尔特人即将冲锋的刹那间，鹅警觉的叫声使得罗马城得救。与此同时，凯尔特人也开始在意大利北部殖民。此后不久，凯尔特人的雇佣兵帮助来自叙拉古城（Syrakus）的希腊暴君狄奥尼修斯一世（Dionysios I）转战西西里岛。公元前335年，凯尔特人与亚历山大大帝会谈，之后就洗劫了——如前所述——德尔斐。公元前2世纪初，他们到了小亚细亚，在那里被称为加拉太人（Galater），一直在此逗留到罗马帝国时代。

并非所有凯尔特人都来到意大利北部地区、巴尔干地区，甚至到达小亚细亚。许多人在沿途合适的地方定居下来，还有一些人很快从远方返回故土。如果说掠夺德尔斐或袭击罗马城只是短暂的武装抢掠行为，那么对于凯尔特人的迁徙，我们就要从整体上另当别论了。这种迁徙与当初欧洲殖民者占有北美洲的情况非常相像：他们携带家畜，将所有家当和食物储备装在大篷车上，因为他们从一开始就认准了要背井离乡、永久定居他方的目标。在这个过程中，他们肯定一次又一次为了争夺土地同当地土著居民发生武装冲突，这是显而易见的。在这一点上，凯尔特人的迁徙也同欧洲人移居北美洲非常相似。

　　在迁徙动荡之后，凯尔特人在新居住地区的生活逐渐稳定下来。尤其是在公元前 2 世纪和公元前 1 世纪，在交通便利、战略意义重要的十字交通要地出现了类似原始城镇的大型聚落，恺撒称之为"奥皮杜姆"（Oppidum）。当时也有名副其实的手工业定居点，那里的居民专门从事铁的冶炼加工，如德国巴伐利亚州南部的贝兴-波兰滕（Berching-Pollanten）遗址。在拉登文化时期，铁在短短几代人的时间内已经几乎取代了所有领域的青铜，成为当时的主导材料。因此，相应地，对这种新金属的需求量也很大。褐铁矿的开采和加工在中欧许多地区发挥着至关重要的作用。褐铁矿，又称针铁矿或沼铁矿，形成于最后一次冰川期过后气温回升时期，铁从地表下的矿物土壤和沼泽中经过土壤化学作用分解出来。这种含铁的地层最大厚度可达一米。褐铁矿无与伦比的优势是便于开采，所以在德国北方石勒苏益格-荷尔斯泰因州（Schleswig-Holstein）一直使用到 20 世纪 60 年代，年产量达 100 万吨。

　　从沼铁矿石冶炼成可以锻造的熟铁需要经过几个加工处理工序：首先将高品位矿石取出地面，接着用明火加热以减少其中水分，然后进行粉碎。之后，将这样制备和粉碎的铁矿石放入用泥土垒的类似壁炉的简单熔炉进行冶炼。从熔炉上面投入粉碎后的矿石和木炭。熔炉下面是燃烧室，在这里可以用风箱鼓风，将熔炉内的温度升高。在冶炼过程结束时炉渣沉到炉底。凝固后的铁坯仍然掺杂着炉渣和木炭，所以必须要做进一步的处理。为此，要把铁坯再次在火上加热，然后通过锻打努力将炉渣清除掉，尽可能得到纯度比较高的铁坯。这种用沼铁矿冶炼加工铁的方法可能从拉登时期一直延续到20世纪初，工艺

沼铁矿石的加工，以及利用伦诺氏直接冶铁法冶炼操作示意图。

伦诺氏直接冶铁法冶炼炉复原，德国波恩莱茵州博物馆。

上只有微不足道的改动，但是铁的产量后来明显提高了。在拉登文化晚期，铁的贸易达到鼎盛，横贯欧洲，铁以剑或双尖锭的形状被买卖交换，欧洲几乎处处都有这方面的考古出土遗物证实这一点。

沼铁矿也分布于德国巴伐利亚州曼兴（Manching）城周边的沼泽

里。除此之外，这座位于多瑙河故河道旁边的奥皮杜姆还拥有一个极为便利的港湾。自然条件如此优越，曼兴能成为德国南部凯尔特人最重要的奥皮杜姆之一，我们就不奇怪了。公元前2世纪和公元前1世纪的这种奥皮杜姆分布于从法国到匈牙利西部的欧洲大部分地区，这就是为什么人们将在恺撒统治下的罗马帝国占领前的这段时间称为奥皮杜姆文明。奥皮杜姆不仅是部落的中心，而且也是经济和宗教的中心。曼兴及其他许多地方都是这种情况，特别是恺撒在攻打高卢时特别提到的那些奥皮杜姆，如阿莱西亚和比布拉克特（Bibracte）。

奥皮杜姆通常有土木结构的围墙作为防御设施，恺撒称之为高卢墙（murus gallicus）。这种围墙由层层叠压的木制框架构成，中间填充石土，除此之外，正面外墙是用石头垒砌的。奥皮杜姆的围墙周长在5至10千米，它的木材施工用料量是异常巨大的。尤其是德国南部三大奥皮杜姆——曼兴、凯尔海姆（Kelheim）和海登格拉本（Heidengraben）——占地规模都非常巨大，分别为380公顷、600公顷和1160公顷。由此看来，它们比后来中世纪大多数德国城镇占地面积都大出数倍。考虑到这里显然是将一个大区域内的全部居民迁移到一起，我们才可以对这些人口稠密的居住中心稍加理解。奥皮杜姆存在时期，居民大多集中在那里，其周边几乎没有其他居住地点了。我们不知道这是否是对动荡时期和迫在眉睫的危险境况所做出的反应，是否农村居民也想享受这种人口密集地区的优势，或者是否只是为了显示权力和模仿古希腊的大城市。

奥皮杜姆中心设有公共建筑，如寺庙，街道两旁也有店铺和公共

　　位于法国中部的阿莱西亚原本是高卢阿维尔尼人的奥皮杜姆城池，公元前 52 年被恺撒指挥的罗马军团围攻，部落首领维钦托利（又译作韦辛格托里克斯）率领高卢人对罗马统治进行最后的顽强反抗，最终失败被俘，六年后在罗马被杀。恺撒在他的《高卢战记》中对这次战役进行了详细描述。这是拿破仑三世在阿莱西亚遗址上建造的维钦托利纪念铜像。

（1）

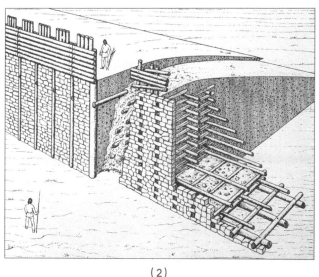

（2）

　　（1）德国巴伐利亚州的曼兴奥皮杜姆城址航空影像。遗址中心部分在 20 世纪 30 年代修建军用飞机场时被破坏，只有个别遗物得到保存。这一重要考古遗址的大规模考古发掘工作是 20 世纪 50 年代以后开始的。今天，曼兴近圆形的城墙的位置大部可以通过城墙上的树木辨别出来。
（2）曼兴城址发现的两种高卢墙建筑结构示意图。

场所。然而，大部分建筑都是庄园，在围墙内也时常发现耕地。因此，我们还不能将奥皮杜姆想象为真正的城镇那样。它的基本特征仍然带有农村色彩，尽管那里的人们也许试图给它赋予南方希腊城市的外观，但只是做一做表面文章而已，并没有实际内容。

农业当时被彻底革新，人们发明了铁铧犁、铁制长柄大镰刀，从而极大方便了播种和近地收割庄稼。使用长柄大镰刀所得的庄稼秸秆可以用作圈养家畜的越冬饲料。旋转磨盘的投入使用，使大批量加工谷物成为可能。所有这些构成了能够养活奥皮杜姆众多人口的重要前提条件。

初见文明的曙光　🔍

另外，凯尔特人还铸造了中欧最古老的钱币。在公元前 3 世纪，希腊硬币被凯尔特人雇佣军从南方带回来。其中包括一些金币，其正面是马其顿的菲利普二世（Philipp II von Makedonien）头像，背面是一挂战车图形。这些硬币很快就被凯尔特人模仿，也包括模仿其重量单位和硬币大小。硬币图案设计被简化，代替头像的只有头发或漩涡头发的一撮。广泛使用的凯尔特人晚期典型金币被称作彩虹小碗。一旦凯尔特人自己制造金币、银币或铜币，他们就开始伪造硬币；从这一点上看，任何时期的人类都一样。为了造假，将青铜核心包上银套或金套，然后像平常一样铸造，他们就是以这种方式欺骗贸易伙伴，

高卢铸造的金币（公元前 2 世纪末）。从这种凯尔特人的金币中可以看出希腊文化对中欧早期铸币的影响。

好像硬币全部是用贵重金属铸造的。

　　奢侈品显示出当时凯尔特人与南方接触频繁，其中包括葡萄酒。当时葡萄酒肯定被大量贩卖到北方，这一点可以通过在凯尔特人遗址中发现的大量双耳瓶得以佐证。另外，鱼酱（鱼酱油），一种地中海沿岸地区的土特产，在北方的需求量也很大。事实上，北方受南方烹饪的影响，不是从意大利的比萨饼和面条才开始的。此外，还有从希腊和罗马进口的抛光细陶酒器或彩色玻璃酒器，以及青铜器皿（笊篱、桶、壶、平底锅），这些都与饮用葡萄酒有关。

德国南部凯尔特四方形壕堑航空影像。

　　在祭祀礼仪方面，凯尔特后期的文明发展也在走自己的路。在公元前2世纪和公元前1世纪，在德国南部的大部分地区出现了所谓凯尔特四方形壕堑，今天在原野里仍然能清楚地辨认出来，民间误称之为"罗马壕堑"。人们在其中一些找到了挖得很深的祭祀坑和方形宗教建筑，从它们之中后来发展形成高卢–罗马神庙——这是凯尔特宗教在罗马时期继续存在的证据，给人留下了深刻的印象。其他四方形壕堑从布局结构上看更像农庄，因此可以看作一种稍加防御设施的庄园。可以肯定的是，那些凯尔特晚期的四方形壕堑不能只从一种意义上加以解释，而是要考虑到它们可能有各种不同的功能和用途。

德国莱茵兰–普法尔茨州马特贝格（Martberg）高卢–罗马神庙发掘后复原景象。

古代凯尔特人的末日

在公元前 1 世纪期间，德国南部的生活越来越不安定，奥皮杜姆开始走下坡路。自公元前 80 年起，地中海地区几乎已经中断了向北方运送葡萄酒。在曼兴奥皮杜姆后期的最后几十年里，旧铁器的回收利用现象越来越多，废旧铁回收和再利用取代了不久前还蓬勃发展的冶铁手工业。日耳曼人成群地袭扰抢掠，就像辛布里人（Kimbern）与条顿人（Teutonen）那样，使得凯尔特人各部落的生活日益艰难。看起来好像公元前 1 世纪中叶，凯尔特晚期的奥皮杜姆文明已在某种形式上被包围了：在高卢，罗马人已推进到莱茵河；在北面，日耳曼人向南边蜂拥而来，已经占领了法兰克大部分地区。与此同时，奥皮杜姆失去了市场，因为他们与南方的贸易关系崩溃了。因此，铸币也失去了意义。所有这一切都伴随着居民人口的明显锐减。

在这种情况下，凯尔特部族的波耶人（Bojer）残余纷纷放弃了他们的各个区域，踏上了前往诺里库姆（Noricum）王国的路程。在阿尔卑斯山西部边缘，赫尔维齐人（Helvetier）也有同样打算并开始向高卢开拔，在那里他们被恺撒击败了。由此可见，伴随着奥皮杜姆文明的衰落，中欧发生了种族和政治权力关系的巨变。当公元前 15 年罗马人最终推进到德国南部并占领至多瑙河地区的时候，奥皮杜姆的世界早已消失。当时，在曼兴等待他们的恐怕只是一座空城。

罗马人和日耳曼人

种族灭绝与文化适应

第十章

德国下萨克森州卡尔克里泽遗址航空影像。有人推测此处是瓦卢斯战役（公元9年）的古战场。考古发掘工作结束后，遗址附近修建了博物馆，展览此处出土的罗马军团的遗物。

罗马帝国在日耳曼的扩张 🔍

　　恺撒在公元前 58 年至公元前 52 年占领高卢，以及后来奥古斯都（Augustus）在公元前 12 年至公元 9 年期间对日耳曼人的战争，使得德国南部和西部进入了一个新的时代。自此，罗马作家和史学家开始记录下关于罗马和阿尔卑斯山以北之间的重要军事和政治事件，以及在自由日耳曼①的日常生活。有关日耳曼人的原始史料，尤为重要的是恺撒（Caeser，前 100—前 44）和塔西佗（Tacitus，约 55—约 120）等人的著作。在此基础上，我们首次可以将考古发掘结果与古代作家的描述进行比较。

　　至公元前 15 年，随着对高卢和德国南部阿尔卑斯山山前地区的武

---

① 即莱茵河以东未成为罗马行省的地区。——译者注

力征服，罗马帝国的边界扩展到莱茵河和多瑙河河畔。为了确保边境的安定，罗马人在诸如美因茨（Mainz）和克桑滕（Xanten）等地大兴土木，建起了第一批军营并派军团长期驻守在那里。在奥古斯都时期罗马人远征日耳曼内地时，这些营地发挥了军事基地的作用。在这些军事行动的过程中，罗马人还沿着利珀河（Lippe）、兰河（Lahn）和美因河（Main）等河流营造了其他一些驻军营地。每天行军结束后，军团士兵为了保护自身安全都要修筑所谓的行军宿营地。这种营地适合军团短期逗留，呈长方形，通常四面由剖面为V形的围沟和栅栏防护。而固定军团营地是为较长时间的驻军而修建的，一般建有两条剖面为V形的护壕和土木结构围墙。士兵和军官的住所以及指挥部和军团指挥官驻地等军营中央建筑，都是用石头或石木混合结构建成的。所有军营内部结构和建筑布局都是按照统一标准化的规范设计修建的。

罗马军队是开疆拓土和保障各行省安定的基础。古罗马军队分成不同的级别和部门。军团士兵完全拥有罗马公民权。罗马人为扩大疆域进行无数的征战，同时也要保障其帝国的安定，对士兵的需求量不断地增加，因此，他们就在各行省招募所谓的辅助部队。这种部队类似今天雇佣来的职业军队，用未来广阔的发展前景吸引当地那些青壮年男子参军。最吸引这些人的是，当他们服满二十五年兵役后，就分配给他们土地——大多是在新占领的地区——并授予罗马公民权。在考古上，这种公民权的授予可以通过刻在青铜上的所谓兵役文凭得以证明，这样的文凭在考古发掘中时有发现，屡见不鲜。

　　保存在田野地下的两个罗马军队行军宿营地遗迹，其形状类似扑克牌，长方形，有四个圆角，一般每边各有一个出入口。

　　罗马人所建的城市或军营，今天大都成为德国西部和南部许多现代城镇的基础。民用城镇的建立在行省边界以外也有，如在德国黑森州（Hessen）的瓦尔德基尔摩斯（Waldgirmes）城址。就像每一个典型的罗马城市一样，这个城市也拥有一个中心广场。考古发掘时，在那里清理出比例很大的日耳曼人陶器和众多的南方奢侈品。瓦尔德基尔摩斯遗址为我们揭露和了解罗马移民在罗马行省以外和当地日耳曼人一起共同生活的情况投下了一柱新的光亮。日耳曼土著居民在一定程度上显然是接受了罗马人的生活方式。罗马人在这一地区的统治地位表现为他们在瓦尔德基尔摩斯竖立了一尊奥古斯都大帝真人大小的镀金骑马塑像。罗马人看来非常有信心，他们认为可以让这块土地变成他们的行省。这并不奇怪，因为在公元前后的世纪转折时期，罗马人看起来在莱茵河以东日耳曼地区立足的希望似乎很大。但是，罗马人的这个梦想最终在公元9年转眼之间变成了一场噩梦：日耳曼人中的谢鲁斯克人（Cherusker）部落在阿尔米纽斯（Arminius）——他本身就是罗马辅助部队军官——领导下，在条顿堡森林（Teutoburger Wald）将罗马统帅瓦鲁斯（Varus）的军团引诱到他们的埋伏圈内，并给予其毁灭性的打击。三个罗马军团，加上骑兵中队和六个辅助部队全部被彻底歼灭。当时1.8万余人——军团军人和辎重加在一起——全部阵亡。这场战役对总是习惯于打胜仗的罗马人的打击是非常沉重

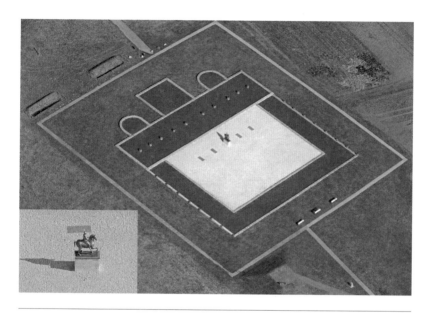

古罗马界墙之外一座罗马城市兴建的实例：德国黑森州拉瑙-瓦尔德基尔摩斯遗址航空影像。如果不是公元 9 年发生的事情打乱了罗马人的计划，那么在日耳曼内地很可能会出现一座罗马城镇。

的，奥古斯都大帝绝望了。

在好莱坞拍摄了由布拉德·皮特〔饰演阿喀琉斯（Achilles）〕主演的《特洛伊战争》之后，条顿堡森林战役完全可以为这部悲剧效果极强的大片提供另一种题材。例如，日耳曼胜利者将瓦鲁斯的人头割下送到罗马。但内部纠纷很大的日耳曼胜利者不懂得怎样利用他们的胜利成果。他们在条顿堡森林战役的领袖阿尔米纽斯，抢走了图斯内尔达（Thusnelda）——他的日耳曼部族对手塞格斯特斯（Segestes）的女儿。就在他取得大捷后没过几年，阿尔米纽斯的亲戚在日耳曼内部矛盾激化的情况下，将他用卑鄙的手段谋杀了。随着阿尔米纽斯之死，谢鲁斯克人也从历史记载中销声匿迹。后来，他的这段历史被遗忘了，直到塔西佗的《年鉴》（Annalen）在 1507 年被重新发现，而且被人文主义者翻译成德文。拉丁文的阿尔米纽斯被译作赫尔曼（Herrmann）——谢鲁斯克人王子赫尔曼。

19 世纪初，在反对拿破仑的解放战争中，阿尔米纽斯领导的胜利战役被神化，这种违背历史的神话夸张，将日耳曼部族联盟与罗马人之间的斗争同当时反对法国皇帝拿破仑的解放战争并列起来。因此当时在一定意义上讲，条顿堡森林战役被看成德意志民族形成的重要一幕。19 世纪，德国民族主义情绪高涨，直至 1871 年德意志帝国的建立使其达到高潮，在这一过程中，大量诗歌、戏曲和歌剧是专门歌颂阿尔米纽斯的。但修建阿尔米纽斯纪念碑项目不得不多次放弃，当德国统一以后，这件事再也阻挡不了了，1875 年所谓的纪念赫尔曼铜塑像终于在条顿堡森林的希德森（Hiddesen）附近落成揭幕。即便像诺贝尔奖获得者特奥多尔·蒙森（Theodor Mommsen）这样一位如此聪明的历史学家，对于这场对罗马人的大屠杀也曾评价说，这是个"世界历史上的转折点"，这无疑是夸大其词。

卡尔克里泽遗址或瓦鲁斯战役的谜团 🔍

所谓瓦鲁斯战役的确切位置，人们已经寻找了 100 多年。相关问

　　在德国，有人想为谢鲁斯克王子阿尔米纽斯修建纪念碑，为此奔走了半个世纪。当1871年帝国统一，皇帝登基后，项目进程就大大加快了。位于代特莫尔德（Detmold）附近的赫尔曼纪念铜像终于在1875年落成揭幕。当时威廉一世参加了揭幕仪式。

题在学术界有数百个理论。然而，随着在卡尔克里泽（Kalkriese）山脚下——位于奥斯纳布吕克（Osnabrück）北部——一个纵深延伸很长的遗址的发现，这种讨论似乎初步告一段落。自1987年以来的考古发掘工作，在那里出土了奥古斯都时期的1000多枚硬币，以及超过5000件军备物品：标枪、头盔、胸甲、面具、投掷弹丸、箭镞和先锋队斧头，以及菲贝尔胸针、首饰、餐具和其他一些物件等。所有这些物品都可以确定大致是在公元9年前后使用的。在这一遗址，有当年日耳曼人在靠山一面修筑的一道壕堑的遗迹，这道壕堑修在陡峭的山崖和一大片宽阔沼泽之间最狭窄的地段，以便将这段本来就很狭窄的路段变得更窄。在这条道路的瓶颈口，罗马人显然陷入了埋伏。在那里，他们的行动自由受到了极大的限制，不可能排列战斗队形，最终一个一个被砍倒。由此看来，在卡尔克里泽曾经发生过罗马人和日耳曼人之间的战斗，这是毫无疑问的。

战场上所发现的硬币可以将战斗的确切年代确定下来。硬币的铸币时间是公元6年至公元14年。由此看来就很清楚了，在卡尔克里泽的战斗肯定与历史记载的瓦鲁斯战役以及奥古斯都征服日耳曼的企图有直接关联。但它是否真的就是历史上的瓦鲁斯战役的战场，这一点还不能证明，因为奥古斯都时期在这一地区，罗马人和日耳曼人之间发生过许多大大小小的战役。由于硬币系列直到公元14年才结束，所以卡尔克里泽战役可能与瓦鲁斯的失利没有关系，但很可能与日耳曼尼库斯（Germanicus）——罗马的统帅——有关，他被派来为瓦鲁斯所蒙受的奇耻大辱报仇雪恨。

即使日耳曼尼库斯对莱茵河以东地区进行了几次血腥讨伐，但这并没有改变奥古斯都的继任者——提比略（Tiberius）——质疑这些军事行动成功的希望和结果。作为政治和军事问题上的一个现实主义者，他放弃了永久征服日耳曼的计划——事实上，这一决定持续了很长一段时间。罗马人撤回到莱茵河西侧，并且试图通过与莱茵河以东日耳曼部落签订协议，来确保罗马帝国边境的安定。尽管后来在马可·奥勒留（Marc Aurel）皇帝统治时期和 3 世纪，曾经多次从罗马帝国出发，试图通过军事行动向日耳曼领土推进，但这些行动都没有获得持久的成功。令人惊讶的是，这些军事行动向东究竟深入多远，得到了几年前在德国下萨克森州的诺特海姆（Northeim）地区的哈尔茨霍恩（Harzhorn）古战场遗址考古发掘的证实。这次战役发生在罗马马克西米努斯·色雷克斯（Maximinus Thrax）皇帝执政时期（235—236）。日耳曼人经常越过罗马帝国边境，并在边境地区进行抢劫掠夺；罗马人这样的军事行动可能在一段时间内摧毁了日耳曼人后方的迂回地，但未能持久地占领这些地区。具体举例来说，在自由日耳曼作战与在高卢不同。在高卢，罗马人一旦占领了那里的中心居住地，就能令高卢人永远屈服。而日耳曼人没有组织集中的部落中心地区，占领日耳曼就意味着要通过不懈的、基本上是徒劳的游击战来争夺每一个村庄。由此看来，罗马人终将会遭到彻底失败，就像如今所有那些试图征服阿富汗并想在那里建立自己秩序的军队一样。

雷蒂亚及上日耳曼的安全保障 🔍

　　罗马人在北方未能得到的，于公元 1 世纪在南方成功地得到了。在那里罗马帝国的边界从莱茵河中部进一步向东推进，然后在接下来的几年里得到了越来越强有力的巩固。到了公元 200 年，在上日耳曼罗马行省，罗马帝国边界最终建起了栅栏、长壁和护壕，与此同时，他们在雷蒂亚（Rätien）建起了一座坚实的界墙——一项对中欧而言非常巨大的工程。在一定距离内修筑瞭望台和城堡，用烟火和牛角信号传递消息，罗马军队用这种办法能尽快赶到野蛮族群越境并侵入罗马领土的地方。这种所谓的上日耳曼界墙是欧洲最大的考古遗址，全长 550 千米。中国的长城是世界上最长的建筑物。它有一个十分类似的功能——只是中国人的夷人在西方，而从罗马人角度看，蛮族在他们的东方——但从长远的角度看，中国的长城未能达到修建它的目的，就跟罗马人的界墙最终也没有达到其目的一样。这两座建筑都服务于一个可笑的计划，即将永远不可能彻底消灭的武装部落联盟简单地"拦截"在国土之外。中国的长城和上日耳曼-雷蒂亚界墙，二者现在都属于联合国教科文组织的世界文化遗产。罗马界墙现在仍然清晰可辨，它横贯德国黑森州、巴登-符腾堡州和巴伐利亚州，非常适合远足。

北海

巴塔维人

韶肯人

弗里斯兰人

弗莱福湖

瓦鲁斯战役 ✗ 卡尔克里泽
（公元9年）

谢鲁斯克人

布鲁克特勒人

哈尔滕   利珀河

瑟姆农人

达维人

克桑滕

荒沼伯人

日耳曼尼亚

通格人

诺伊斯

科隆

日耳曼尼亚
行省

波恩

登克特人

查登人

上日耳曼-雷蒂亚行省界墙

特勒维勒人

美因茨

美因河

上日耳曼尼亚
行省

比利时高卢行省

特里尔

沃尔姆斯

施派尔

赫姆图人

上雷蒂亚人

雷根斯堡

斯特拉斯堡

巴登-巴登

罗滕堡

海登海姆

纳森费尔斯

奥格斯堡

罗马帝国

罗特韦尔

多瑙河

萨尔斯堡

肯普滕

雷蒂亚行省

诺里库姆
行省

博登湖

布雷根茨

奥格斯特

千米

100   200

图例

- - - 罗马帝国边界线

- - - 罗马行省边界线

■ 罗马军团兵营

▪ 罗马军事堡垒

● 罗马行省首府

• 城镇

▨ 罗马界墙

—— 罗马主要干道

✗ 战场

古罗马上日耳曼-雷蒂亚行省界墙：这里曾是罗马人和日耳曼人无数次冲突的大舞台。

189

为了控制被征服的土地并保障其供应，罗马路网的扩建特别重要。这个路网四通八达，连接整个帝国。罗马道路的重要性可以与今天的高速公路相比。它们极大地改善了人们的流动性，便利了货物的运输，也使军队的快速调动成为可能。罗马道路规划建设得非常好，今天在地面上仍然能看到，其路线甚至在很大程度上为现代道路所利用。里程碑上的铭文提示道路的走向和各地之间的距离，对研究和复原罗马行省行政机构的结构有着重要作用。与今天的汽车旅店相似，在罗马的远程交通道路的旁边每隔一段距离设有驿站，在那里可以住宿并换马。

城镇和都市生活 🔍

罗马帝国城市是行政中心、交通枢纽以及本地和外地贸易的中转站。它们的顶头上司是市政府的高级官员。这些人一般必须拥有一笔很大的财富，因为他们的行政职务是荣誉性质的，没有官禄，相当于今天美国博物馆的受托人。人们期望高级官员自费进行市政建设，例如，建剧院和温泉浴等设施，以及支付其他公共开支，因为来自收费、关税、罚款或垄断租金的市政收入一般远远不够这些开支。

罗马城市单凭其华丽的建筑，就已经对各行省的人有很大的吸引力。穿过城市壮观的大门，人们走在铺设石板的道路上。中央市场里是生机勃勃的叫卖景象，街道两边都是写字屋和无数的店铺，堪比今天中亚城市中的集贸市场。城市中心矗立着公共建筑，居住区由市区别墅、富有公民带天井的庭院或多层出租楼组成。大量新鲜水通过远程高架渡槽被源源不断地输入城市储水井和供水点。以古罗马帝国城市特里尔（Trier）为例，每天通过这种输水渠道向城市供应 2.5 万立方米的新鲜淡水，而今天特里尔每天的耗水量只有约 2.1 万立方米。与供水相比毫不逊色的是，公共浴池和厕所都直通下水道——但不包括私人住宅，这里的居民要将他们的脏水收集到桶内，然后再倒到房子前面的下水沟中。从由此带来的不便来看，19 世纪工业城市的住房条件，明显要比古罗马时代恶劣得多。公共浴池在罗马任何城市都是必不可少的。它们不仅为身体的护理提供可能和方便，而且也是集游泳池、桑拿馆、按摩馆、运动馆和美容院于一处的多功能场所，堪比当今附有各种健身功能的体育馆。

今天人们在足球场内寻找的快乐，古罗马人的椭圆形竞技场也可以为罗马公民提供。其中最有名的是罗马的斗兽场，可容纳约 5 万名观众。在高度紧张的气氛下，他们注视着角斗士的格斗、对动物的挑逗和海战表演。如果要看赛车，那么人们就要去跑马场。这些竞技比赛活动总是为政治目的所利用：在罗马共和国时期——公元前 27 年以前——渴望得到公职和权力的人，愿意以跑马场赞助者的身份出现，为的是能够充当乡梓的恩人。然而，许多雄心勃勃的政治家也是这样毁掉了自己。通过这些形式参与公众事业来达到飞黄腾达的目的，这种情况即使在今天，在世界上的很多地方仍比比皆是。罗马跑马场在帝国时期的另一个重要功能是沟通统治者和人民，否则这样的机会很少有。因此，罗马皇帝始终注重在跑马场露面，以感受他们臣民的情绪。

罗马城市的食品供应由帝国西北各行省的无数农庄，即所谓庄园（villae rusticae）来保障。庄园是以农业为主的经营单位，规模有很大差异，从小田庄到拥有富丽堂皇类似宫殿式建筑的巨大庄园不等。庄园选址的重要标准是靠近水域，交通便利，以便迅速将农产品运送到作为重要转运地点的市场。土壤质量对经营的成功起着决定性的作用。当阿勒曼尼人（Alemannen）在 3 世纪后期踏平了罗马界墙后，罗马人不得不将边境撤回到莱茵河和多瑙河，这些地区的损失导致帝国这部分农产品供应几乎完全崩溃。日耳曼部族联盟的不断进攻一再摧毁那些失去保护、暴露给日耳曼人的庄园。一些居民为了逃命不得不仓促离开他们的庄园，这方面的情况得到窖藏文物有力的证明。如果逃生不成会发生什么，雷根斯堡-哈廷根（Regensburg-Hartingen）遗址出土了一个令人毛骨悚然的遗迹：攻击者将打死的庄园居民尸体抛入庭院里的水井内。

敌人的文化

但是，如果将不断侵入罗马帝国境内的日耳曼人简单当成一群四处抢劫的雇佣兵来看，那是错误的。他们在所谓的自由日耳曼的生活

通过航空摄影考古方法，在农田里发现的古罗马行省时期的罗马庄园遗迹。

大多是安定的，以务农为主。例如，德国北海（Nordsee）海边低湿地的一些遗址从特殊角度反映了日耳曼人聚落生活的情况。为了能尽可能地防御北海反复不断出现的风暴潮的侵扰，人们在住地上不断添土，形成所谓的沃藤（Wurten）土墩，然后将农舍建在那上面。一个居住阶段如果由于火灾或房屋的破损等原因结束了，人们就将老宅废墟整平并在上面建起一个新的居住层。因此，我们在德国北部海滨面对着类似近、中东的现象，正如在前面的章节已经了解到的——在那里堆积了几千年来叠加而成的几米高的居住层，即所谓土丘居住遗址。

费德森–维耶德（Feddersen-Wierde）是德国下萨克森州北海沿岸的土墩居住遗址中已经过充分调查的少数此类遗址之一。经过系统发掘，我们已经基本上弄清这个居住遗址形成和衰败的过程，给人留下深刻印象：这个居住遗址的历史始于当初很早几家农舍，这些农舍一般由一至两个长形房屋组成，其中包括起居室和牛圈。随着时间的推移，人口不断增长，尽管人们将居住土墩扩大了一些，但是能扩展的空间终归十分有限。接下来的几代人，他们中间有一些人将农舍盖得比其他人的大，而且养的牛也比其他人的多。南边有一家在这个过程中脱颖而出，他们家拥有最大的住房，而且牲畜也最多。从考古材料上看，有趣的是，他们家集中了大多数从罗马人那里进口的餐具。毫无疑问，这个农舍里住着酋长或村长及其家族的人。在这个居住遗址的末期，当人口和牲畜逐渐下降，所有农舍规模越来越小时，最后也波及了南部的酋长院落，直到这个地方最终被放弃。

所以费德森–维耶德的发展情况，不仅能使我们复原北海海岸地区村落的形成和衰败，而且更多地显示了在罗马帝国时期帝国之外的日耳曼部落的社会分化。这种发展也清楚地反映在大型墓葬中。自公元1世纪开始，在威悉河（Weser）和维斯瓦河之间的区域出现了随葬品非常丰富的墓葬。这些墓葬大多数情况下都有封土堆。墓主人通过随葬品显示出他们同普通百姓在社会地位上的显著不同。随葬品是从罗马进口的大量成套的铜、银、玻璃和陶质餐具。武器和马刺说明埋

德国下萨克森州费德森-维耶德森土墩居住遗址农庄复原图。

在这些墓葬里的人都是武士，人们将这些武士在去往死后世界的路上使用的菲贝尔胸针、镯子和罗马硬币——常常是用贵金属制成的——放入墓中。很多迹象表明，死者是曾在罗马军团服役的日耳曼雇佣兵，他们重返家乡，从罗马带回显示权势的物品以及饮食习惯，过着一种受罗马文化影响的生活，以此来突出其较高的社会地位。即使在今天，许多外表上的东西都是为了彰显社会差别的，例如，穿名牌衣服或开昂贵的汽车。人们总倾向于以超过实际情况的表象来显示自己——无论如何不想低于实际情况——看起来这似乎是人类基本不变的一个特性，我们与过去的人们共同拥有这一特性。

这个例子再次证明了，从恺撒经过高卢一直挺进到莱茵河流域开始，罗马人和日耳曼人在某些方面经历了一个共同发展的过程，而这一过程十分错综复杂，绝不仅仅是武装冲突。这一观察结果改变不了这样一个事实，即日耳曼人在罗马帝国灭亡（476 年）过程中所发挥的决定性作用。后来的事实证明，后继者一方面是取而代之，另一方面还是有意地继承了罗马帝国的传统。

今日欧洲的形成

基督教徒、骑士、黄瓜栽培者及商人 | 第十一章

黑门——保存至今的特里尔罗马古城北城门航空摄影图片

岌岌可危的罗马帝国 🔍

　　罗马帝国晚期是从戴克里先（Diokletian）皇帝开始的。在 284 年至 305 年统治期间，他试图通过对政府和军队的改革来遏制罗马帝国的衰落。在他之前是所谓军人皇帝的五十年不稳定时期，统治者有时才做了几个月的皇帝就被谋杀、替换。在这一时期，军队决定由谁来做皇帝，就连戴克里先本人也是军人出身，曾任御前侍卫军的头目。他现实而客观地评估了帝国的状况——此时的古罗马帝国处处都陷于军事挑战的危机之中，之后他得出的结论是，单独一人再也不能长期面对多重挑战。因此他毅然决定将统治权分开，实施所谓的四帝共治制，四帝共治是由两位主皇帝（奥古斯都，Augusti）和两位副皇帝（恺撒，Caesares）构成，两位恺撒十年后应接替两位奥古斯都，然后他们再提拔两位副皇帝。这样竞争帝位的压力似乎可持续减轻，并确保所宣扬的诸帝和睦（协和）之目的。政府所在地不再仅限于一个，而是将帝国东部和西部的城市，如米兰（Mailand）、阿奎莱亚（Aquileia）和尼科美底亚（Nikomedia）等作为统治者的首都，为后来成功地将帝国一分为二做准备。但是，这些理想的设计仅仅存在于二十年后的新一届政府轮换。后来因疾病、死亡和个人野心导致新继位系统在306年遭到失败——经过多年各个觊觎王位者之间血淋淋的征战——再次变成一人专制。成王败寇——最终取胜者就是君士坦丁（Konstantin）。他是君士坦提乌斯·克洛卢斯（Constantius Chlorus）的儿子。君士坦提乌斯·克洛卢斯本应作为西罗马帝国的奥古斯都执政，却于306年在约克（York）驾崩，他的军队违反规定将其子君士坦丁拥立为皇帝。

戴克里先的继任者君士坦丁一世，也被称为"大帝"，于330年在博斯普鲁斯（Bosporus）建立新都，并用自己的名字将其命名为君士坦丁堡（Konstantinopel）。这一举措使得罗马城和西方失去了其重要性，但它仍然持续到395年，狄奥多西一世（Theodosius I）将罗马帝国分给了他的两个儿子——阿卡狄奥斯（Arcadius）和霍诺留（Honorius）——从而在事实上完成了帝国的一分为二。此后，帝国这两个部分的历史走上了各自不同的发展道路。在西罗马帝国的领土上，5世纪和6世纪形成了几个主要由日耳曼人统治的王朝。与此同时，在东部出现了拜占庭帝国，这个帝国一直延续到1453年，直至东罗马帝国被奥斯曼人（Osmanen）征服。在东罗马帝国初期，那里执政的皇帝还是取得了一些战绩，在查士丁尼（Justinian，527—565 年在位）统治下甚至一度实现了帝国东西两个部分的统一。但是东罗马帝国很快陷入毫无喘息机会的保卫战中，并不断丧失领土。

来自日耳曼各部族的威胁　🔍

古罗马帝国晚期军事政策的主要任务是再次加强巩固上日耳曼和雷蒂亚的边境。日耳曼部落当时可以不费力气地突破这道边界防线，然后——一旦进入帝国的内部——就可以长驱直入，几乎是畅通无阻地直接进逼比利牛斯山脉（Pyrenäen）。罗马人实行的新战略是放弃那些已被阿勒曼尼人于 3 世纪后期横扫并占据的领土，将罗马帝国的边境撤回到莱茵河、伊勒河（Iller）和多瑙河一线，为的是能够更有效地加固边境防御。为了达到这一目的，罗马人借助缩小军营的方法，使其用较少的兵力就可以防守，但同时也将军营城墙建得更加厚实坚固。在那里已经首次出现堡垒，这是新兴的中世纪古堡的前身，尤其是那些小的、坚固的要塞有许多向墙外突出的塔楼（马面）。在界墙要塞后面的腹地驻扎着快速反应部队，但他们的队伍由于缺乏罗马人兵源，不得不以在帝国之外招募的日耳曼人辅助部队填充，这样队伍的可靠性是可想而知的，绝不可以完全信赖——这真是让吃菜的羊来做菜园的园丁，实在是别无他法的无奈之举。

另外，边境附近的重要城市在古罗马帝国晚期都出现了厚实的城墙，这一点就凸显出那个时期变得多么不安定。今天的科隆（Köln），在古罗马帝国晚期是日耳曼第二行省（Germania Secunda）的首府，是罗马军队统帅和行省总督的官邸，它拥有近 4 千米长的城墙，城墙等间距设有敌楼十九个、城门九座。同样，美因茨是日耳曼第一行省（Germania Prima）的首府，奥格斯堡（Augsburg）是雷蒂亚第二行省（Raetia Secunda）的首府，这些都府都建有厚实的城墙。同时，古罗马帝国晚期，在农村增修了许多位于高山上的寨堡，为那些不能及时逃到城市的居民充当临时避难所，如果没有这些防御设施的话，他们在日耳曼部族袭扰时就会毫无防卫。

尽管时代不安定，罗马古城特里尔〔Trier，拉丁文：Augusta Treverorum（奥古斯塔·特勒维罗）〕在古罗马帝国晚期仍经历了它的全盛时期。特里尔作为罗马皇帝的官邸历经近一个世纪，并由于 4 世纪宫廷在这座旧时行省首府的设立，出现了一个在社会、经济和文化方面的巨大发展。由于其便利的地理交通位置，自奥古斯都皇帝创建它以来，这座城市一直具有非常重要的战略意义。城市发展的鼎盛在宏伟的建筑上得到了具体的体现。北门，即所谓的黑门（Porta Nigra），以及君士坦丁大厅，今天在城市景观中仍占据耀眼的位置。

经过各种改革努力，尽管个别城市有过一时繁华，古罗马帝国晚期在西罗马帝国呈现的仍然是中央政权日趋衰落的景象。各方面的能力都已捉襟见肘。军事挫折对全国各行省的经济生活不无影响，其中也包括军需负担对经济的影响。许多农庄和手工业不再赢利，贸易路线被中断，物资交流大幅度下跌，城市人口的物质供应没有得到充分保障，最后又出现通货膨胀——硬币中贵金属含量下降。君士坦丁大帝在他当政期间一直努力遏制通货膨胀，为此他在特里尔首次铸造实币（Solidus）——一种金币，自此它被当作经济货币的标准。今天德语中"坚实的"这一形容词就是从这个金币名称的名词中派生出来的。

基督教的兴盛

古罗马帝国晚期也被与基督教的兴起联系在一起，相关方面在考古资料上也有所反映。3世纪，在曾反复出现残酷迫害基督徒之后，戴克里先皇帝和伽列里乌斯皇帝（Galerius）在4世纪的前几年再次对基督徒施以最为严厉的迫害。直到伽列里乌斯皇帝（311年）的宽恕诏书，才使得罗马人对待基督徒的态度有了一个转折。而在君士坦丁大帝和他的同期皇帝李锡尼（Licinius）时期签署了米兰敕令之后（313年），每个罗马公民都可以决定自己想信奉哪种宗教。正因如此，基督教成为准许宗教（religio licita）——允许信奉的宗教。自此，迫害基督徒的时代一去不复返了。其实君士坦丁皇帝从这时起对基督徒非常优待，并十分关心宗教内部事务。例如，他召集召开了第一次尼西亚大公会议（Nicäa，325年），在这次会议上，除其他一些事项外，还通过了规范基督教信仰的决议。然而，他本人是在他临终前才接受基督教洗礼的。

除了4世纪60年代在背教者朱利安（Julian Apostata）皇帝时期出现了一个短暂的小插曲之外，基督教开始逐渐兴起，通过立法措施——最终通过禁止所有异教崇拜活动（392年）——基督教在上面已经提到的狄奥多西一世皇帝统治时期，终于变成了国教。这样，基督教作为以前犹太教的一个教派成功获得了一个十分惊人的历史结局。三殿厅堂结构是基督教教堂的基本建筑形式，从中很容易看出罗马的传统是如何在基督教中保持至今的。

民族大迁徙   🔍

除了基督教在古罗马晚期兴起之外，所谓的民族大迁徙也被称为这个时代的标志。至于这次民族迁移的原因，一直有很多猜测。农业歉收，日耳曼局部地区人口过剩，以及中亚游牧部落的入侵袭扰等，都被列为引起民族迁徙的原因。事实上，移民运动在4世纪初和5世纪达到高潮，但这一运动从几个世纪以前早已开始了。无论如何我们可以肯定，自从公元前1世纪以来，波罗的海南部地区的日耳曼人在向黑海北部地区迁移。后来，纳粹宣传鼓动者们以此证明他们对苏联发动疯狂而罪恶的侵略战争的合法性，并强词夺理地宣称，他们是将"往日的日耳曼国土"重新收回到"帝国的家庭"中来。

由向西挺进的匈人（Hunnen）——一支中亚游牧民族——引发了那场民族大迁徙运动，使其获得了动力和悲剧性。实际上，这场运动自 2 世纪和 3 世纪就已经开始了，那时较大的哥特人（Goten）、格皮德人（Gepiden）和汪达尔人（Vandalen）的部落联盟自北向欧洲南部和西部迁徙。匈人引发的这场席卷全欧洲的风暴最终导致的后果是，上日耳曼和雷蒂亚的罗马帝国边境界墙陷入巨大压力之下，许多陌生民族纷纷涌入帝国境内，并要求与帝国结盟（Foederati，联邦同盟）。匈人于 375 年从帝国的外围涉入古罗马帝国晚期世界的视野。在黑海北部地区，他们遭遇到了东哥特人（Ostgoten）和其他日耳曼部落，致使东哥特人和其他日耳曼人向西部躲避，从而引发了这场涉及范围如此广泛的民族迁移运动。匈人抵达东欧草原，自此被看作欧洲民族大迁移的实际开端。匈人的征战使古代世界陷入恐惧和惊慌之中，他们的行踪从历史记载和考古发现上都能一直追溯到莱茵河畔。直到 451 年，匈人在高卢的卡塔隆尼原野（Katalaunischen Felder）被由罗马军队主帅埃提乌斯（Aëtius）指挥的联军击败。但如果不是阿提拉（Attila）——匈人国王，一位骁勇善战、东西罗马帝国的危险对手——出人意料地在 453 年死于洞房花烛之夜，那么危险不可能如此之快地消除。匈人帝国的建立迅猛异常，阿提拉死后，它又同样迅速地消失了。

考古上值得注意的是，东方文化通过匈人在中欧扩大了影响。例如，妇女头骨变形，这显然是当时游牧民族理想的美，可令人惊讶的是，这也被一些日耳曼人采纳效仿了。为了达到妇女头骨变形的目的，

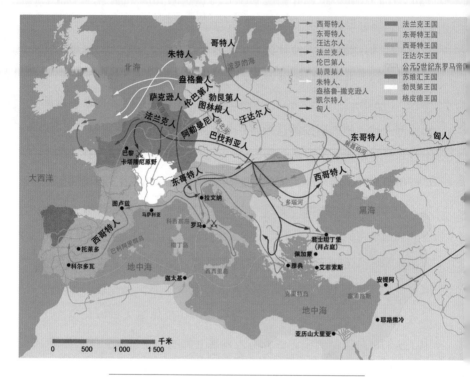

图例：

西哥特人
东哥特人
汪达尔人
法兰克人
伦巴第人
勃艮第人
朱特人
盎格鲁-撒克逊人
凯尔特人
匈人

法兰克王国
东哥特王国
西哥特王国
汪达尔王国
公元5世纪东罗马帝国
苏维汇王国
勃艮第王国
格皮德王国

朱特人
哥特人
盎格鲁人
萨克逊人 伦巴第人 勃艮第人
图林根人
法兰克人 阿勒曼尼人
巴伐利亚人
汪达尔人
东哥特人 匈人

北海
波罗的海

大西洋

巴黎
卡塔隆尼原野
图卢兹
马赛利亚
科西嘉岛
罗马
撒丁岛
西西里岛
迦太基

托莱多
科尔多瓦
巴利阿里群岛
西哥特人

地中海

东哥特人
拉文纳

多瑙河
黑海

易北河

西哥特人

君士坦丁堡
（拜占庭）
佩加蒙
雅典 艾菲索斯
克里特岛
塞浦路斯
安提阿
耶路撒冷
亚历山大里亚

地中海

千米
0   500   1 000   1 500

民族大迁徙改变了欧洲和地中海地区的政治势力和文化格局。

女孩从幼年时代就要将头后脑用布紧紧地裹起来，迫使头颅长成所希望的形状。匈人也将东方的服装和首饰带到了中欧，如镶有红色玻璃或红宝石的金饰，其制作和款式传统来自近东和伊朗。

当作为主要角色的匈人在西方历史舞台消失后，罗马帝国的所有问题和困境仍然存在，这些都是 200 年来大规模民族迁徙造成的。一方面是帝国领域向外不断地扩张；而另一方面是在民族大迁徙的

妇女头骨变形，本来属于东方草原游牧民族理想的美，后来竟然被一些日耳曼人效仿。

局势下接收外族移民作为联邦成员，造成越来越多的外族人进入帝国，他们在罗马军队服兵役的过程中战功卓著、飞黄腾达。在日耳曼服兵役的人当中，有些人的官级一直晋升到罗马军队等级中的最高官位，甚至因此上升到罗马帝国之内的最高地位。如汪达尔人斯提里科（Stilicho），他作为高级军事指挥官（Magister militum，罗马帝国晚期最高军衔）服务于罗马皇帝霍诺留（Honorius，395—423）麾下，并有时左右他的政治——最后使他掉了脑袋。再比方说日耳曼人狄奥多里克（Theoderich），他后来也获得了"大帝"的称号。狄奥多里克是东哥特人，自幼在君士坦丁堡接受教育，后来成为一名优秀的军人。他杀死第一位登上罗马皇帝宝座的日耳曼人——奥多亚塞（Odoaker），这位异族皇帝于 476 年将西罗马帝国最后的皇帝罗慕路斯·奥古斯都路斯（Romulus Augustulus）废黜，并作为罗马帝国的贵族成员和东罗马皇帝的代理皇帝在西罗马上任。493 年，他将拉文纳（Ravenna）作为意大利北部东哥特帝国的首都，该帝国一直持续到526年他去世为止。6世纪用一块巨石为他建造宏伟的拱顶墓建筑，至今仍可以在拉文纳拜谒参观，这一建筑以特殊方式结合了古罗马和早期拜占庭建筑艺术传统，并带有一定的日耳曼人文化因素。

伦巴第人、法兰克人和斯拉夫人 —— 中世纪早期的格局逐渐形成

在民族大迁徙期间的所有迁徙运动中，伦巴第人（Langobarden）的迁徙过程可以最清楚地被追查到。伦巴第人后来在中世纪早期历史中扮演了一个十分重要的角色。公元前1世纪，他们居住在易北河下游，自2世纪和3世纪，他们经过阿尔特马克（Altmark）继续向南移动；4世纪，他们沿着易北河最初到达波希米亚（Böhmen）；5世纪末，他们到达下奥地利州、摩拉维亚南（Südmähren）和斯洛伐克西南（Südwestslowakei）。6世纪初，他们生活在匈牙利西部；568年，他们继续南迁到了意大利北部，在那里他们建立了伦巴第王国，这个王国于8世纪被查理大帝征服，并被合并到其法兰克王国之中。

5世纪，法兰克人（Franken）已于莱茵河下游两岸建立了一个较大的国家实体。482年，克洛维（Chlodwig）作为墨洛温（Merowinger）王朝的第二个国王出现在这个国家的最高层。他在历史上的功绩是皈

依基督教，而且是天主教教派，尽管当时大多数日耳曼人信奉阿里乌教派。第一次尼西亚大公会议上，并非阿里乌教派最后一次宣传被东正教作为异端而拒绝的圣父与圣子的关系[①]。新的统治者改为信奉基督的天主教，大大方便了原古罗马居民融合到新王国，事实证明这是政治上的一个明智举措。克洛维在军事上成功打败了阿勒曼尼人和图林根人（Thüringer），使得法兰克王国势不可挡，在中欧西部成为一股起决定性作用的政治势力。当墨洛温王朝在经过几代人后势力逐渐衰弱时，该王朝的末代国王希尔德里克三世（Childerich Ⅲ）被宫廷大臣丕平（Pippin，被称为矮子丕平）废黜，并送入修道院，与此同时，这位王室的前总管于751年自己做了国王。他的儿子查理大帝（Karl der Große，768—814年在位）后来成了中世纪早期的杰出人物，建立"加洛林"（Karolinger）王朝。查理大帝于800年在罗马加冕成为皇帝，与此同时把自己看作——西罗马帝国随着罗慕路斯·奥古斯都路斯于476年被废黜而覆灭之后——西罗马帝国的继承人。

从9世纪起，欧洲的民族、政治、经济和文化状况发生了巨大变化。在法兰克帝国东部，斯拉夫人（Slawen）逐渐渗入，他们在被日耳曼部落放弃的地区落脚。在波罗的海地区，随着维京人的出现，形成了一股新的政治势力。在欧洲东南部，东罗马拜占庭帝国站稳了脚跟。在中东和北非，伊斯兰教的信奉者（Islam）以迅猛的速度征服了广大地区，甚至于8世纪初抵达伊比利亚半岛。

---

① 即耶稣是受上帝委派的人还是上帝的儿子的问题。——译者注

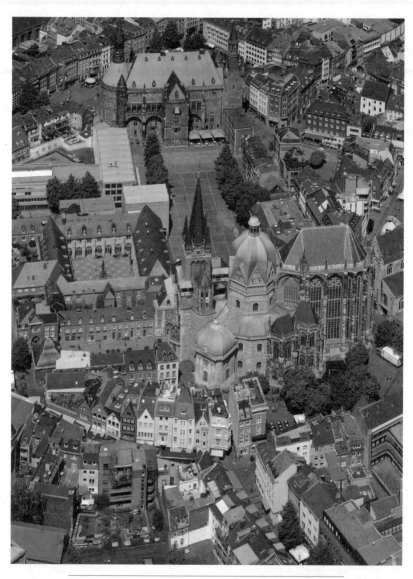

德国亚琛市政厅和大主教教堂，这里曾是查理大帝的行宫所在地。

欧洲和地中海地区中世纪早期结束时的政局。

武士们的墓葬

这期间的时局巨变对战争方式和武器装备也产生了极大影响。用窄铁片制作的头盔和铠甲，或用铁环编制的铠甲，在战斗中保护着上层武士们。他们死后，后人就将马鞍、缰绳、马具和马刺作为随葬品放入他们的墓中。通过这些器物，考古学家可以辨认出他们的骑士身份。6世纪末，增加了一种重要的武器装备因素：武士们从阿瓦尔人（Awaren）那里接受了马镫。阿瓦尔民族源自潘诺尼亚平原（Pannonische Tiefebene，即今匈牙利）。马镫的发明——不仅进攻时——与此前相比，可以使骑士在马鞍上坐得更稳。马镫彻底改变了马背上的格斗方式，最终与盔甲一起导致装甲骑兵的出现，并在装备的继续演变中出现了中世纪的骑士风格。

中世纪早期建立了规模庞大的墓地。因为当时的墓葬排列成行，井然有序，所以人们也称这个时代为墨洛温时期的行列墓文明（5世纪晚期至7世纪）。这之后，墓葬才安置在村庄和城市教堂周围，在一些较小的乡镇这种葬俗一直保持到今天。在研究分析这种墓地时，人类学发挥着特别重要的作用。该学科不仅可以判定死者的年龄和性别，而且也可以确定死者生前的患病情况、是否受过伤，以及饮食习惯、是否营养不良或从事过繁重的体力劳动等。富有的人通常寿命较长，能达到高龄，由于他们食用较好的蛋白质丰富的食物，所以个头儿也比较大。这个时期婴儿的夭折率很高。此外，经研究还得知，由于卫生条件差，妇女往往在怀孕期间、分娩时，以及童年时期的死亡率很高。因此，虽然青壮年男子大多在无数次的战争中丧生，但女性的平均寿命比男子要短。在男性的骨骼上时常可以观察到肉搏格斗中受伤的情况，不少人的创伤得到治愈，这表明当时至少有最基本的医疗保障。成功的外科手术病例，如截肢或开颅手术等都有考古资料证实。

7世纪晚期和8世纪初，当墨洛温王朝衰败并最终下台时，出现有丰富随葬品的贵族墓，随葬品包括武器装备、贵金属首饰，有时甚至有华贵的服装。那些被以这种方式安葬的勇士是谁呢？是不是由于墨洛温王朝晚期的中央政权被削弱，群雄自行采取行动，扩充自己的实力，以便扩大自己的势力范围——就像我们今天在非洲、拉丁美洲或阿富汗等危机地区所不断看到的情况？无论如何，这些墓葬提示我们，特别是在风云变幻的时代，往往文字记载的资料十分罕见，复原当时的政治和社会关系，需要特别慎重地对考古原始资料仔细加以分析。

城堡、教堂和贸易网络 🔍

中世纪早期的生活具有前所未有的流动性，而这种流动性此后也很少见。由于没有固定的政治中心，统治者连同他们的随从总是不断地从一个皇家驻地迁移到另外一个皇家驻地。通过联姻和亲政策，加洛林王朝试图在欧洲范围内建立皇室和贵族之间的联系。流动主教和传教士为教会四处奔走。为了使自己的修道院图书馆获得或复制手稿，修士们来往于各个修道院之间。大量朝圣者出游在外，在中世纪早期的大道上，商家的运输队络绎不绝。查理运河（Karlsgraben），拉丁文为查理沟渠（fossa carolina），即今莱茵河—美因河—多瑙河运河最古老的前身——它在雷察特河（Rezat）和阿尔特米尔河（Altmühl）之间的格拉本（Graben）村附近的遗迹今天仍然能看到——它的兴建显示出，加洛林人在考虑扩建经济基础设施时，已经顾及当时在欧洲范围内的全面发展。

法兰克帝国东部边境以易北河（Elbe）和萨勒河（Saale）为界，这两条界河的东部属于斯拉夫地区。6世纪和7世纪，斯拉夫人在这些地区的人口非常稀少，未能覆盖整个地区，居住人口稠密的地方被茂密的森林分割开来。9世纪，斯拉夫地区的政治、经济、文化生活中心是建有护墙的所谓城堡，这是后来中世纪德国东部许多城镇的雏形。这些城堡通常由一个圆形主城堡构成，用厚实的土木结构城墙加以保护，有时还附加了外城堡，供作坊、店铺和服务行业使用。

斯拉夫人筑建强大的城堡和桥梁、制陶、煮盐、炼铁以及冶炼沥青和焦油，都需要大量木材。持续不断的伐木活动导致森林面积明显下降。这种大规模砍伐的后果，我们今天仍然能够感觉到。随着欧洲森林面积的减少，人们的食品供应却越来越丰富——斯拉夫人的贡献是他们将黄瓜从东部引进了欧洲。此外，在鲱鱼贸易和消费以及养蜂等方面，斯拉夫地区所起的作用比欧洲其他地区都大得多。

在哈维尔（Havel）河畔的勃兰登堡（Brandenburg），可以很好地追

德国梅克伦堡－前波美拉尼亚州斯拉夫古堡格拉斯拉登（Groß Raden）遗址，航空摄影图片上反映的是该城堡的居住区和四面环水的古堡岛。

踪该地从一个斯拉夫城堡一直发展到中世纪城市在各个发展阶段的情况：7世纪，这里是一个没有防御设施的村庄，周围是耕地，后来在这里修建了一个庞大的城堡，据说是斯拉夫公侯赫维勒（Heweller）的府邸。948年，在这里建立了主教管区，为此营建了一个主教大教堂，因而城市也随之开始兴起。教堂对每个居住区都有一个特别重要的意义，我们时常说"把教堂放在村庄里①"，就说明了这一点。它是指一种现象，即欧洲的许多地方都有的共同之处，无论以前是法兰克人、斯拉夫人或维京人曾经居住过的地方，自基督教传播以来，特别是修建教堂以来，出现了一个永久性的地域观念，这种观念往往持续1000多年，直到如今。教堂一旦在村庄里落成，这个村庄就不会再迁移到其他地方了。

同样在中世纪早期，一方面在波罗的海地区，另一方面在中亚、波斯和拜占庭之间形成了一个庞大的远途贸易网络，其中包括维京人和斯拉夫人的居住地点。在这些商路上，犹太人（Juden）和阿拉伯商人往来频繁。支付的主要方式是银子，以银子的重量为标准。因此，每个商人那时都随身携带一把精准秤，此物后来成了他们的职业标志。银子本身来自遥远的地方，即中亚、阿拉伯、拜占庭或多瑙河地区。北方的贸易路线终止于波罗的海南部沿岸由维京人建立的城市，如海塔布（Haithabu）。维京人主导了波罗的海的海上贸易，并在重要河流入海口建立贸易货物转运站，以保障内陆腹地的供应。特别是海塔布和它庞大的港口，成为北方最重要的商业中心之一。当时的远途贸易已经达到了真正"全球化"的规模，这在欧洲以前的历史上是很少见的。

---

① 意思是不要太夸张了，规模小一些也可以。——译者注

没有考古就没有完整的人类历史

便池、战场和"颓废艺术"

第十二章

位于德国北莱茵-威斯特法伦州的中世纪古城索斯特（Soest），这里的中世纪考古和城镇考古工作，在很大程度上弥补了历史资料记载的欠缺。

了解中世纪及近现代史，仍需要考古学吗 🔍

　　直到不久前，人们还认为中世纪、近代和现代的历史只利用传统的文字记载就可以恢复它们的全貌。目前，这种观点从根本上被改变了。考古学在此期间使我们对历史上各个时期，包括当代史在内，都有了完整的了解，为我们补充了很多实质性的内容。所有这些如果没有考古资料的话，我们将会一无所知。相关方面的话题和生活情节在文字史料中根本找不到记载——常常是因为作者不想写这些方面的情况。然而，"埋藏在地下的档案"是不会因受贿而片面记录历史的，因为这些档案资料是偶然保存到今天的，而不是由于某些利益的驱使而加以选择的结果。

　　基督教信仰在中世纪直接影响人们生活的各个领域。十字军东征是从 1095 年教皇乌尔班二世（Urban Ⅱ）在克莱蒙（Clermont）宗教会议上发出呼吁而正式开始的。在十字军东征的历史中，信仰的力量驱使欧洲行动起来。当时的口号是，基督教骑士要将基督的圣地（Heiliges Land）从异教徒手中解放出来。作为回报，教皇承诺所有参加十字军东征的那些人可以免去他们所有的罪孽。无论参加十字军东征的人的真正动机如何，人们回答教皇号召的呐喊是"这是上帝的旨意"（Deus lo vult）——然而显而易见的是，除了信仰和精神方面的原因之外，物质利益在十字军东征中发挥了极大的作用，它成为欧洲这段历史的实质特征。随着考古发掘工作的广泛开展，在巴勒斯坦沿海地区对众多十字军城堡进行了系统研究，其中最有名的是位于今天叙利亚的骑士堡。这些古堡虽然远离家乡，但它们既是令人印象深刻的、正宗的哥特式晚期城堡建筑实例，也是中欧早期形式的帝国主义的见证。十字军东征的暴行，伊斯兰世界从未忘记，他们甚至在如今伊斯兰教极端分子犯罪缘由中提及此事。20 世纪对圣地的激烈争夺，最后以以色列国家的建立而告终；而这场争夺战实际上在大约 1000 年前就已经开始了。

　　十字军骑士自认为他们是携带武器的朝圣者，这实际上完全顺应了当时的一种社会现象，回过头来看，朝圣本身简直成了中世纪的大众旅游活动。朝圣的地方越有吸引力，涌向那里的人就越多，而这些人需要吃喝和住宿。这是中世纪城市发展的一个关键因素。越来越多的新朝圣圣地不断诞生并蓬勃发展起来，而那里的服务完全可以同我们今天旅游行业许多本地和长途旅游目的地的招待项目相媲美，其中仍然包括那些传统的朝圣圣地。特别受欢迎的一个朝圣目的地是位于西班牙的圣地亚哥-德孔波斯特拉（Santiago de Compostela），这里有相传为耶稣十二门徒之一的雅克布斯长者（Jacobus）的墓葬。罗马和耶路撒冷（Jerusalem）的耶稣信徒墓葬同样是人们向往的地方。朝圣路上的人们都渴望拿一些纪念品带回故乡。有些纪念品被缝在衣物上作为护身符，以保他们在朝圣路上的平安，偶尔还可以凭此享受免费用餐。圣地亚哥-德孔波斯特拉朝圣的象征是海贝壳，它作为图标在中世纪的欧洲传播很广。

不会烧毁的城镇史原始资料 🔍

由此看来，一个圣者的墓葬在中世纪可能导致一座新兴城市的崛起。但在一个城市的创建和发展中，还有很多因素发挥了作用：交通便捷、河流渡口或天然的港口环境、政治和宗教行政中心、地位重要的市场或具有吸引力的原材料供应地等。在过去几个世纪中，城市的扩建和改造，其中每一个小细节都被健全的律师事务机构和档案系统

康斯坦茨，一座位于德国南部博登湖畔的古城，考古发掘揭示了其中世纪城市扩建的奥秘。

记录保存了下来。既然如此，为什么还需要考古发掘来研究城市的历史呢？事实上，古代中东将楔形文字记录在用黏土制成的泥板上，遇到火灾后泥板变得坚硬，从而保留下来，使得我们今天能够读到它们；而各个时期写在羊皮纸或草纸上的城镇文档、个人和家庭登记等资料，一旦发生火灾，就会全部化为灰烬，许多城市因此失去了它们的记忆。然而，这种情况不仅在中世纪和近代早期有，在 20 世纪也有——只要我们想一想，第一次和第二次世界大战在这方面所造成的巨大损失。

因此，考古发掘往往是重建城市某些阶段历史的唯一资料来源。

另外，德国18世纪和19世纪最早的土地登记册——田产、地产和不动产的表册——往往只记录了中世纪城镇的最终状态，而没有记录城镇建设发展到那时的具体情况。例如，我们单单凭借考古了解到，直到中世纪盛期，德国南部的康斯坦茨（Konstanz）通过不断填土将城市区域向博登湖水域扩展，通过这种方式扩大了城镇居住面积，同时不需要扩建城墙防御设施，从而避免了给市民增加额外的财政负担。但如果是将城镇向陆地方向扩展的话，这种负担将是不可避免的。

城镇空气带来自由，但也潜藏危险 🔍

自中世纪以来，城镇众多的优势吸引了越来越多的人涌入。这里只需要提到几个关键词便足以说明问题：保护、自由（躲避债主的追逐）、娱乐。实际上，大量农村人口离乡背井，奔向城镇，这就造成城镇人口过剩，并由此增强了所有城镇生活的负面作用；同时在乡村，整个村庄因被遗弃而沦为废墟，连一些修道院也难逃这样的厄运。例如，在德国帕德博恩（Paderborn）附近的达尔海姆（Dahlheim）修道院的修士们14世纪不得不放弃那里，因为其周边乡村的人都搬到城镇里去了。这个修道院年久失修，倒塌殆尽，近几年才被重新清理出来并得到修复。即使占有再广阔的土地，如果没有人去经营管理，也无济于事。

帕德博恩古城附近的达尔海姆修道院航空摄影图片。经考古发掘和修缮，这里现在是修道院博物馆。

与此同时，气候的恶化，即自 15 世纪初期所谓的小冰期，迫使许多农民离开自己的家园，因为收获的农作物根本不足以维持生存。除了这种农业歉收和饥荒之外，村与村之间的纷争、战争、洪水等天灾人祸迫使农村人口外流。这些离开了农村和土地的人们，纷纷迁入城镇。

在人口不断增加的城镇生活中，不利因素之一就是，多层房屋盖得一幢紧挨一幢，使得生活空间十分狭窄。涌入城镇的人口越多，城镇卫生条件就变得越成问题。这种住房和生活境况，极易引发疾病的暴发、瘟疫的泛滥。曾经读过乔瓦尼·薄伽丘（Giovanni Boccaccio）《十日谈》（*Il Decamerone*）的人知道，引言里描述的 1348 年意大利佛罗伦萨瘟疫的暴发和扩散，给城镇居民带来多么惨痛的灾难。中世纪后期，这种瘟疫尤其在各个城镇中蔓延，在人口密集的大都市造成无数人死亡——当时欧洲失去了其总人口的三分之一以上。鼠疫——众所周知的"黑死病"——主要是因为卫生条件差而造成其不断扩散蔓延的；疾病传播者是鼠蚤，当它寄生的老鼠病死后，鼠蚤跳到人身上，并把病菌传染给人类。正是为了了解当时各个城镇中与此相关的卫生和健康状况，需要现代城镇考古学来提供有关方面的重要信息。对于城镇考古学者来说，中世纪的厕所便池和垃圾坑是真正的"藏宝箱"。他们将那里保存下来的堆积物拿到显微镜下观看，除了食物残渣外，还可以看到蠕虫、肝吸虫卵以及很多其他东西，令人惊讶不已。但是，我们的档案文献里没有记录寄生虫传染和卫生条件恶劣的情况，虽然这些对中世纪和近代早期的城镇日常生活普遍具有至关重要的影响。所以，如果想真正了解中世纪城镇人口的实际生活，没有城镇考古研究及其成果是很难做到的。

考古也有助于很多其他方面的研究，例如，对中世纪和（早期）现代城镇的多元文化的考察。在那里，经常发现犹太居民小区，即所谓的盖托（Ghetto）犹太区，这一名称来自威尼斯犹太人居住的同名街区。其核心通常由一些犹太商人建筑构成，随着人口的增长也增添了一些机构的建筑物，如犹太教堂，在这些城镇的周边则有犹太人墓地。犹太人和城镇其他居民之间的关系时常是不稳定的，特别是在十字军东征或瘟疫流行造成可怕后果的时候。14世纪时发生了对犹太人的迫害，经常连毫无根据的指控（往水井里投毒！）都不需要，极大的贪欲促使公侯和信奉基督教的公民对犹太人施行种族迫害。就连这些迫害行径也都留下了不可磨灭的痕迹，我们可以借助考古手段寻找到有关线索，弄清来龙去脉，并将其载入史册。在德国许多城镇的犹太老区，我们发现了出奇多的窖藏财宝，包括银器、贵重金属首饰和钱币等，这些窖藏都来自14世纪鼠疫流行期间。寄希望于在大屠杀中幸免于难，这些物品的主人将它们埋藏了起来。即便这种希望最终没有实现，珍宝最终未能被它们的主人从地下取出来，但它们至少没有落到他们的迫害者手中。从这一点来看，几个世纪以后，纳粹德国的心腹和受益者们办事效率更高，他们极力收缴犹太公民的艺术珍品，或将它们送到博物馆，或运往国外拍卖。

古堡和骑士们的世界　🔍

但还是让我们回到中世纪盛期吧！中世纪盛期的贵族古堡同时是统治中心和经济中心。筑建城堡的权利，自中世纪早期起就属于国王

　　大型海德堡歌曲手稿集，即14世纪初期的马内斯（Codex Manesse）手稿，其中也保存了骑士演练的实例，以及施陶费尔时期的宫廷生活。画面上表现两个骑士纵马决斗，其中一人的三叉矛头已折断。这样的三叉矛在古堡发掘中也有发现。除了文字，图片资料也可以帮助识别考古遗物的功用。

所有。他当然可以将这种权利移交给他的受封者，而自 11 世纪以来，这种特权越来越多地转移到侯爵和公爵手中，致使最高统治者逐渐放弃古堡建筑权。特别是在边境地区，古堡被当作有防御设施的驻地使用，以防止他国军队的入侵。贵族试图借助古堡增强自己的权力，并对特定的手工业，如冶铁或制盐的生产，加强控制和影响。为此，他们将相应的手工业作坊迁入古堡，纳入其保护之中。在 12 世纪和 13 世纪的施陶费尔（Staufer）时期，古堡的筑建和宫廷骑士文化达到了顶峰。由于古堡主人拥有受保护作坊产品货物的唯一支配权，所以他们不仅是骑士，同时也是大企业家。他们的臣民有责任交纳贡赋——开始时提供实物，后来交纳现钱——并在古堡主人那里服各种徭役，如帮助有关建设施工或在主人的田地里从事农活。随着中世纪末武器生产技术的不断发展——最终也是由于雇佣军的崛起——老式骑士军队失去了意义，与此同时贵族的贡赋收入下降，武器、甲胄、马匹和生活费用却不断提高，一些贵族不可能再长久地维持他们的高额开销。其中一个结果是出现了骑士行盗行为，他们到处抢劫、勒索，为非作歹，无恶不作，导致城镇、公国和帝国的安定受到严重干扰。针对这些扰乱治安者，中世纪时国家制订了各项治安法规，按照这些法规，侵害需要保护的财物（如教堂、磨坊）和人员（如神职人员、商人）均要受到刑法的惩罚和制裁，而且国家可以对其使用国家武器。

14 世纪早期，黑火药发明后不久，火器在欧洲投入使用。火炮在攻击以往看起来固若金汤的古堡时所发挥的作用，成为中世纪盛期贵族古堡失去原有意义的一个关键因素。同时，这也是中世纪即将结束的

位于德国莱茵兰−普法尔茨州的艾尔茨古堡，尽管在中世纪受到围攻，但主要建筑基本保存完好，今天成为旅游胜地。

标志。例如 1382 年，在德国陶努斯（Taunus）地区上乌瑟尔（Oberursel）附近的波莫斯海姆（Bommersheim）古堡，在法兰克福城的领导之下，被莱茵城镇联盟用猛烈的炮火攻破，因为他们不愿意再容忍那里的骑士的强盗行径。古堡建筑被夷为平地，古堡里的全部物品被扔到古堡护濠中。整整过去了 600 年，这些物品又重新被考古学者发现，由于古堡护濠湿润的土壤为这些文物提供了非常好的保存条件，所以为我们了解当时古堡居民的生活情况（餐具、服装、武器）提供了非常重要的线索。贵族古堡走下坡路所带来的一个后果是，小规模的统治区域被大范围的政治体系所代替。考古研究为我们真正了解古堡及当时的生活提供了重要资料，从而纠正了19世纪德国古堡浪漫主义在我们头脑中形成的对中世纪和古堡骑士歪曲的观念。

新世界的征服在考古中的反映　　🔍

硬性划定各种时期的争论是没有任何意义的，这时常是个人倾向和着眼点不同的问题。但从中世纪到近代早期的过渡有一些确凿的事实和事件，它们预示着一个真正的时代转折的到来。1450年，德国人约翰内斯·谷登堡发明了活字印刷；1492年，克里斯托弗·哥伦布发现美洲新大陆；1517年，马丁·路德开始宗教改革，这些都标示出世界历史上的重要起点。这些事件无可争议地改变了世界，迄今为止一直在发挥作用。德国纽伦堡的马丁·倍海姆（Martin Behaim）1492年制作了一个地球仪——目前世界上保存下来最早的地球仪——上面还缺少美洲；15年之后，德国拉多尔夫采尔（Radolfzell）的地图家马丁·瓦尔德泽米勒（Martin Waldseemüller）绘制的地球仪上，已经描绘出了美洲。通过发现美洲大陆，整个地球首次进入了人们的视野。新大陆的重要性是如何迅速地被旧世界认识，水下考古给我们提供了令人印象深刻的证据。在中美洲和加勒比（Karibik）群岛海岸附近，水下考古一次又一次地发现 15 世纪至 18 世纪沉到海底的帆船和其他船只残骸。这些船只运载的货物就像在我们眼前打开了聚光灯一样，并且以令人着迷的方式显露出发现美洲大陆后不久，它们对欧洲贵金属和其他商品供应所扮演的日益重要的角色。

美洲的土著居民成了欧洲人对黄金贪婪的牺牲品。在墨西哥高原的阿兹特克人和安第斯山脉中部的印加帝国的历史表明，两个完全不同的世界相隔几千年，各自发展，互不相知，忽然相撞在一起会发生什么情况。西班牙征服者的少量骑兵使用火器便足以消灭整个帝国。欧洲人带到那里的疾病解决了残余的土著人。美洲的征服不是一个文化移入的过程，而是对那里原有的文明进行野蛮和残酷的毁灭。今天，考古发掘不仅记录了这些文明的形成和发展，也记录了它们的灭亡。从这一着眼点上看，考古的贡献基本上不仅限于对古代的研究，而且总是在不断提高我们的认知，最终呼吁人们在同陌生文化接触时要采取尊重的态度。

考古发掘可以帮助寻找历史事件发生地和历史人物活动过的地方。当美洲的阿兹特克和印加帝国被消灭时，在德国的古城维滕贝格（Wittenberg），一个名叫马丁·路德的人将他革命性的论纲张贴到教堂的大门上。这位杰出的宗教改革家，1483 年出生于德国萨克森州的艾斯莱本（Eisleben），1693 年人们在相传他出生的房屋旧址建成了一座纪念馆以纪念他的出生。这栋楼同时也是德国最早的博物馆，于 1996 年被列入联合国教科文组织的世界遗产名录。但这所纪念馆是宗教改革家路德诞生 200 年后才修建的。通过对纪念馆内部地下的考古发掘，发现了大约在 1500 年前后被大火烧毁的废墟残迹。许多迹象表明这座被烧毁的房屋就是路德真正的诞生地，1693 年在修建纪念馆时，这个废墟被夷平。对纪念馆四周的大面积发掘表明，路德出生在一个市郊环境，那里遍布手工作坊。顺便解释一下，那栋房子本身不属于路德家，他们只是在马丁出生的几周时间里在那里住过，后来他们搬到了曼斯费尔德（Mansfeld）。

战场和战俘营的考古 🔍

在中世纪和近代考古中，一个特别具有轰动性的遗物类型是窖藏财宝。这些窖藏有时可能只包含几枚硬币，有时却是由贵金属首饰和餐具组成的一大笔财产。窖藏的埋藏地点同这些财宝的组合和命运一样，变化无常。大多数情况下，它们见证了以前主人的悲剧。恰恰在德国三十年战争期间（1618—1648），大量的硬币、家庭用品、珠宝首饰和豪华餐具被藏匿起来，考虑到四处掳掠的雇佣军整整三十年的破坏和掠夺，这就不足为奇了。考古学家时常能够准确地鉴定那些窖藏的年代，并将它们同历史上某些具体的战役或围攻联系起来。对以往战场开展的系统考古调查，近年来已得到了加强。通过这些调查，曾多次对历史记载的战争和战斗过程大大加以补充，甚至在某些方面加以更正。例如，对德国三十年战争期间和拿破仑战争时期万人坑的调查,使我们了解到参战军队的种族和年龄结构。在军营中,大多是男子,他们成年累月地挤在狭窄的空间一起生活,这些营地可达到临时小城镇的规模。他们的遗迹让我们能够对他们在这样一个非常特殊的临时城镇里的生活和忙碌有所了解。

20 世纪的两次世界大战的考古工作尤为重要。他们的研究结果,考虑到当时的历史及其后果迄今对我们的影响,真正具有非凡的历史意义。有关战斗过程本身的历史记载其实时常比我们想象的要少得多。有时史料之间相互矛盾,这就需要通过考古研究对其进行必要的纠正。除了记录阵地、战壕和掩体系统外,还要着重研究参与者的日常生活,他们在极端恶劣的条件下生存,如果没有具体的考古遗物和遗迹,我们很难真正地切实了解这些情况。

对 20 世纪历史同样重要的遗址是战俘营。在营地的范围内,考古发掘揭示出房屋、水沟和围墙的残迹,从而使我们对这些战俘营的结构和规模有了进一步的了解。发现的遗物使我们能够具体得知那里的日常生活、饮食和生活环境——个人物品上刻写的名字和标记牌至今依然有助于澄清受害个体的命运。

挽救记忆的考古

这些也同样适用于复原强制劳工的生活,例如,被强迫在柏林的滕珀尔霍夫（Tempelhof）飞机场军工厂为敌人工作的人。在那里，考古学者找到了被迫修理战斗机的强制劳工的简易工棚。除了工棚以外，那里还有简单的保护壕沟，以防止盟军轰炸时炸弹碎片伤及囚徒——当然，这不是出于人道主义考虑，而是为了保存他们的劳动力。尤其是在滕珀尔霍夫机场澄清和记录历史上黑暗的这一页是非常重要的。因为这个地方经过 1948 年至 1949 年的空运时期，对我们这些战后出生的人来说已经成了自由的象征。但也正是因为如此，不允许历史上的污点玷污这个地方，我们决不应忘记它的受害者——在这方面，考古工作者也正在做出他们的贡献。

对纳粹分子杀人场和集中营的调查研究也同样如此。这些场所在战争结束后，许多部分已经被拆除，人们当时没有看出它们对我们回忆这段历史的重要性。今天，有些建筑甚至被重建起来，对于有关方面的工作考古也提供了帮助。考古发掘经常为在这些地方规划建设纳粹恐怖受害者的纪念馆提供重要依据。屡屡发现掩埋被害者遗物的坑穴，考古发掘工作让个体的悲惨命运重见天日。这样人们可以努力接近受害者，在回忆中重新偿还给他们一些被罪恶政权系统地剥夺去的尊严。通过这种方式，考古工作在向公众介绍纳粹令人难以置信的罪恶行径时发挥着重要作用。如果纳粹追随者和组织者在"第三帝国"的最后阶段为了掩盖他们的责任而销毁罪证，但由于时间仓促他们没能完全销毁，这时考古工作就更为重要了。

    2010 年，在柏林市政厅前的考古发掘过程中，获得了一个引起轰动的重大发现。第二次世界大战前，那里是一个建城时期就形成的房屋稠密的市区，其中包括中世纪柏林市政厅的遗址残迹。在红色市政厅正对面的国王大街 50 号（现市政厅街），从地下室的废墟中清理出典型的现代主义的雕塑。青铜和陶制艺术品的保存程度不同。这些作品都来自德国各大博物馆，1937 年被纳粹政权在清查所谓"颓废艺术"的运动中没收。其中许多作品是奥托·布劳恩（Otto Braun）、奥托·弗罗因德利希（Otto Freundlich）、埃米·勒德（Emy Roeder）、埃德温·沙夫（Edwin Scharff）和其他人的，被纳粹在以"颓废艺术"为题的巡回展览中展出，甚至还充当了电影宣传片《维纳斯在法庭前》的道具。这一具体事例表明，考古工作者的工作可以揭露一部分德国野蛮思想的历史，也使按照纳粹统治者的意愿要永远消失的艺术作品再次展示在公众面前。为了弄清纳粹在文化领域所犯下的滔天罪行，必须看到，如果不是之前及时地躲避纳粹分子，这些被纳粹诽谤为"颓废"的典型现代艺术作品，自 1937 年起几乎全部被从德国公共博物馆撤出。一旦落入纳粹之手，作品就会被卖往国外或者被销毁。柏林国家美术馆在这段时间里丢失了 400 多件最好的馆藏艺术作品，其中许多作品被故意烧毁。当时许多艺术藏馆都蒙受了巨大损失，至今未能恢复元气。对失去的艺术作品的追查错综复杂，而且政治上也非常敏感，所以"柏林雕塑"的发现正赶上这个不同寻常的现实话题。

独特的不仅包括柏林市政厅前重新发现的 16 件（套）艺术作品，还有其发掘情况和历史背景。随着这一发现的出土，马上就提出了这些艺术品是如何到达国王大街 50 号的问题：一个线索是，这栋房子的四楼是埃哈德·欧沃迪科（Erhard Oewerdieck）的办公室。欧沃迪科曾将犹太同胞隐藏在他的办公室，从而使他们幸免于纳粹的大屠杀。回顾起来，这样看来似乎顺理成章，为躲避纳粹，他有可能将艺术作品也藏到了安全的地方。但后来人们发现了档案材料，这些材料清楚地表明，在同一栋楼里也设有帝国宣传部的储藏室。作品可能被存放在那里，大概同数百件素描和油画放在一起。这栋房子最终于 1944 年在一场毁灭性的空袭轰炸中被彻底摧毁了。木地板被炸穿，楼上储藏室的全部库存落入地下室中并被烧焦，只有金属和陶制作品耐火，幸而保存下来。这是一个多么不可思议的结果！犹太公民藏身之所和纳粹德国宣传部长戈培尔（Goebbels）主持的宣传部的储藏室竟在同一栋楼房里，几乎是门挨着门的隔壁，就在市政厅对面。欧沃迪科也太胆大妄为了！而我们能得知这种近乎具有传奇色彩的安置情况，要感谢考古。考古向来有益于神话般的故事，"柏林雕塑"的发现使考古终于步入了现代。

结语 | 第十三章

德国中世纪北方古城吕讷堡，幸免于无数次战争的摧毁，尤其是第二次世界大战期间的轰炸，其老城区基本保持了 500 多年前的原貌。这样的古城在德国已经屈指可数了。

前文分十二章对考古作为一门现代科学的讲述，提出了一系列的个人见解，其中一些可能对读者来说是新鲜的，甚至是令人惊诧的。人类最早的历史，从生活在数百万年前的远古古猿，一直到文字发明以前的各个历史时期，只能凭借物质文化遗存复原其真实面貌，这是众所周知的。但即便是已经产生了文字书写系统的第一批人类古文明的形成——包括近东和埃及，如果没有考古研究我们就不可能真正对其深入了解。然而，广大公众现在才逐渐意识到，不论是中世纪盛期和现代城镇发展的历史，还是20世纪通过几乎无限制的物质投入而进行的战争，以及纳粹帝国对数百万人采用现代工业手段进行大规模屠杀等历史，如果没有考古就不可能全面地加以研究。因此，必须指出，了解有非常丰富历史记载，甚至有视听记录的时代——即使是离我们最近的历史时期——考古发掘及对其遗迹和遗物的研究，都能为完善和恢复历史原貌做出重要的贡献。

有选择地流传至今的物质遗存（墓葬的全部陪葬品或窖藏遗物）或纯属意外保留下来的遗存（灰坑或经过火灾烧过的文化层），动产（工具、陶器、小型工艺品）或不动产古迹（聚落遗址、寺庙、墓葬），都能向我们呈现一幅极其丰富多彩的古代画卷。但是我们必须要想办法让这些遗存开口讲话，向我们讲述它们的历史。在这一研究阶段，考古工作者分析和研究遗存的方法至关重要。在大多数情况下，他们首先要弄清遗存的背景，即试图了解遗存与当地历史的相互关系，然后得出进一步的结论。近年来，在对遗存的分析研究中，自然科学方法发挥着越来越重要的作用，例如，同地球物理学家或气候历史学家的密切合作。树木年轮学和古遗传学也都早已成为考古学不可缺少的组成部分，同这些学科专家的交流，越来越多地决定了考古的日常研究工作。最终，总是要尽可能全面地勾画出历史的本来面目。然而，这项工作就像只有尽可能多地识别现存的马赛克石子，然后将它们镶嵌拼接起来才能成功完成。在这个过程中，不仅总是有已知的历史事实和现象的某些方面会水落石出，还有新的研究成果足以完全颠覆我们在各个文化区域对一定历史时期的认识。这是考古学特别引人入胜的地方。

当然，考古学仍然是一门依赖其重大发现的科学——这既适用于一个多世纪前考古学诞生的初期，也仍然适用于今天现代化的、受自然科学影响的日常研究工作。无论是痴迷荷马史诗、自学成才的海因里希·施利曼发现特洛伊，或者是刚刚从非法文物交易中截获的世界上最早记录苍穹的内布拉星象铜盘——总有一些所谓轰动一时的消息，是这些消息谱写了令人激动的历史。这些是过去文化的历史，但它们也在讲述卓越学者对科学的好奇心和执着、运气和机遇、成功与失败。或许正是这些带有一丝冒险浪漫主义的组成部分，使考古学对学术界之外感兴趣的公众有如此大的吸引力——此外，任何有思想的人都会考虑的问题是：我们从哪里来，我们是如何成为今天的我们的？

此外，考古具有非常大的社会意义——既有积极的一面，也有消极的一面。这就是为什么，自从考古学科诞生以及它的潜力得到认可以来，政治力量就不断试图把它作为工具使用的缘故。今天，在博物馆展出的各种异族和过去文化的物质遗存，为我们揭示各种文化之间的联系和并行发展，并为理解包括地中海和欧洲之外的文明成就，提供了各式各样的可能性。这些物质遗存让我们开动脑筋，思考很多现象的悠久历史，如气候变化和民族迁徙等，并认识到这是人类历史上时常发生的现象，而不仅是在我们这个时代才有的深刻影响。这样考古研究可以在传播知识和提高文化修养方面做出贡献，以更好地理解自己和世界，促进不同文化之间的尊重。在这里，我看到考古极其崇高的人道使命。2016 年，来自叙利亚和其他国家的难民被培训成柏林博物馆岛的博物馆讲解员，这件事再次表明，考古这门科学，它的机构和承载它的人们，今天比以往任何时候都更涉身于现实生活之中。

译后记

　　《考古寻踪：穿越人类历史之旅》是一部科普著作，向广大读者介绍考古学和考古研究成果，其科学性和知识性都非常强。该书德文版出版后，在德国反响很大，成为畅销书。当出版社找我帮忙将此书翻译成中文时，考虑到国内目前这类书籍尚少，尽管我自己手头工作很多，还是马上欣然接受了翻译任务。

　　本书的德文版是2016年8月首次由德国著名的C.H.贝克出版社出版发行的，我于2017年3月底接到德文原稿，用了三个多月时间完成了中文译稿。每天在工作之余，我都抓紧翻译本书，主要是因为书中涉及很多当今的现实情况和问题，如全球性气候异常变化，许多地区的自然灾害日益加剧，欧洲各地移民问题层出不穷等，现实性非常强，可供广大读者从历史发展的角度深入了解当今世界重大事件的来龙去脉，因此希望本书能尽早与中国读者见面。

　　本书作者赫尔曼·帕辛格教授是德国著名的史前考古学家。他1959年出生于德国慕尼黑，曾在慕尼黑大学、萨尔大学以及斯洛文尼亚的卢布尔雅那大学攻读史前史。他的博士论文涉及哈尔施塔特文化晚期和拉登文化早期，专长为斯基泰文化。他曾先后任教于慕尼黑大学和法兰克福大学。1995 年在德国考古研究院下属欧亚考古研究所任第一任所长，2003 年升任德国考古研究院院长，在任五年。在此期间，他曾主持了大量考古发掘工作，如对西班牙凯尔特伊比利亚山寨古堡的发掘，对土耳其科尔克拉勒里新石器和青铜时期聚落遗址的发掘，对伊朗的阿里斯曼金石并用晚期至拜占庭早期金属冶炼遗址的发掘，对哈萨克斯坦巴卡拉附近的斯基泰人圣地遗址的发掘，在俄罗斯西伯利亚森林草原对青铜时代晚期铁器时代早期的奇沙遗址和苏哈尼察墓地的发掘等。除此之外，他还主持了对乌兹别克斯坦和塔吉克斯坦锌矿的多学科研究。令帕辛格举世闻名的是他在西伯利亚南部图瓦共和国的阿尔赞（Aržan）遗址发现了斯基泰人的公侯大墓，其中共发现了近 600 件金器。自 2008 年至今，帕辛格教授被选任为德国最大文化机构普鲁士文化遗产基金会会长，成为德国文化界的风云人物，被邀请到各处讲学，并经常在各种媒体报道中出现。

在基金会繁忙的行政工作之余，帕辛格教授仍没有放弃考古研究和写作工作。除了大量的专业著述之外，他还特别重视科普著作的编写工作，以便让广大爱好考古的读者更好地了解考古学，学习和获得更多更新的考古知识。继 2015 年发表了《普罗米修斯的子孙》（*Die Kinder des Prometheus*）之后，他又于 2016 年完成了本书的编写。

《考古寻踪：穿越人类历史之旅》本来是面向德语国家考古爱好者和对考古感兴趣的读者，介绍考古学在德国的发展情况，以及德国考古研究机构在世界各地所取得的丰硕研究成果。德国考古研究院隶属德国外交部，该院及其下属各研究所在很多国家都设有工作站，如希腊的雅典工作站、意大利的罗马工作站、西班牙的马德里工作站、埃及的开罗工作站、伊朗的德黑兰工作站等。自 2009 年，德国考古研究院欧亚考古研究所也在中国北京设立了工作站，同中方有关部门合作，从事考古研究和文物保护工作。作为德国考古研究院前任院长，赫尔曼·帕辛格教授对德国考古工作者在世界各地的考古工作及其研究成果了如指掌。这是他广泛汇总、综合分析各方面材料，编写本书的坚实基础。事实上，本书按照人类历史发展的时间顺序，比较系统地概括了世界范围内各国考古工作者，尤其着重介绍了德国考古工作者所取得的最新重大考古发现和研究成果，是对英、法、美等国家同类著作的重要补充。另外，本书附录中作者详细地列出了各个章节所引用的参考文献，大部分都是专业著作和专业论文，对国内有关专业的学者也有参考价值。

帕辛格教授的这部著作趣味性很强，酷似一部探险小说，一方面十分生动地叙述了考古研究中的真人真事，就像侦探在破解疑难案件，尽管一波三折，艰险坎坷，但坚持不懈，锲而不舍；另一方面将人类及其物质和精神文化的几百万年发展演变历史侃侃道来，科学慎重，治学严谨，逻辑性强，一环紧扣一环，上下关联，引人入胜。本书的篇幅并不是很长，语言精练，生动形象，通俗易懂，概括了人类从旧石器时代猿人几百万年的生理进化和物质文化的漫长发展，经过新石器时代的农耕、畜牧和定居生活，以及青铜器和铁器时代在冶炼加工金属的基础上逐渐出现劳动分工和贫富分化，最终产生社会阶层，出现世界文明古国，一直描述到包括第二次世界大战在内的近现代历史。

作者恰到好处地抓住了人类各个历史时期的时代特点，简明扼要地介绍了人类社会的演变发展进程，同时突出了考古在研究各大历史时期中的卓越贡献。帕辛格教授对很多重大历史发展和历史事件都有自己独到的见解和评述，因此，本书不仅可供广大读者学习考古和历史知识，还有一定的学术参考价值。

历史就是一面镜子，它不仅能让我们了解人类过去几百万年来的生理进化历程和文化发展道路，而且也能帮助我们看清、弄懂当今发生在我们面前的事情，并在此基础之上预示未来。帕辛格教授在纵观历史、分析历史的同时，也不回避现时政治，直言不讳，畅抒己见。例如，他在记述罗马帝国和东方日耳曼人的关系时，提到了罗马军团一些得不偿失的军事行动："……罗马人这样的军事行动可能在一段时间内摧毁了日耳曼人后方的迂回地，但未能持久地占领这些地区。具体举例来说，在自由日耳曼作战与在高卢不同。在高卢，罗马人一旦占领了那里的中心居住地，就能令高卢人永远屈服。而日耳曼人没有组织集中的部落中心地区，占领日耳曼就意味着要通过不懈的、基本上是徒劳的游击战来争夺每一个村庄。由此看来，罗马人终将会遭到彻底失败，就像如今所有那些试图征服阿富汗并想在那里建立自己秩序的军队一样。"这里指出以美国为首的联军（其中也包括德国联邦国防军）在阿富汗的浴血征战，实际上是徒劳之举，毫无意义，只会激起新的仇恨，最后闹得不可收拾。美军出兵伊拉克也是如此，战争造成的社会动荡也使文物遭到令人痛心的严重破坏。因而他指出："特别是在伊拉克——人类文明的发祥地之一，在美军进入后，其文物蒙受了令人难以置信的损失。"

　　人类对大自然的征服和改造，尤其是矿藏的开采利用和金属冶炼加工并不是无偿的，而是要付出巨大代价的。关于这方面，帕辛格教授也在本书一些相关章节提醒人们注意："技术进步使得大量冶铁成为可能,但就是在那个时代,也要以大范围自然生态环境的破坏作为代价。此外，在冶铁中心地区，通过花粉分析表明，重金属引起了大规模的环境污染。所以说，在这样的'工业中心'附近生活，自铁器时代开始时就已经非常不利于健康了。"我们今天在发展经济的同时，更要时刻想到对自然资源的合理利用和对自然环境的保护，因为我们全人类只有一个赖以生存的地球。

　　帕辛格教授在本书中着重介绍欧美发展历史，字里行间反映出西方文化的许多特征，如："希腊人的这种殖民活动的作用和影响具有巨大的历史意义。不同于腓尼基人，希腊人不单纯建立贸易据点，而是建立希腊人的殖民城市，从而将希腊文化带到陌生的国度。"古希腊文化因而后来直接影响了古罗马文化,从而成为西方文化的主流。中世纪,西方许多贵族骑士打着基督教的旗号，组成十字军进行"东征"，其真正目的主要是对近东财富的掠夺，"除了信仰和精神方面的原因之外，物质利益在十字军东征中发挥了极大的作用，它成为欧洲这段历史的实质特征。"这一点在哥伦布发现美洲新大陆后，西方对美洲的殖民过程中反映得尤为清晰："美洲的土著居民成了欧洲人对黄金贪婪的牺牲品。在墨西哥高原的阿兹特克人和安第斯山脉中部的印加帝国的历史表明，两个完全不同的世界相隔几千年，各自发展，互不相知，忽然相撞在一起会发生什么情况。西班牙征服者的少量骑兵使用火器便足以消灭整个帝国。欧洲人带到那里的疾病解决了残余的土著人。美洲的征服不是一个文化移入的过程，而是对那里原有的文明进行野蛮和残酷的毁灭。"

考古学借助现代自然科学方法让我们清楚地看到，全球智人，即现代人，可以说是拥有共同的始祖，用比较夸张的说法就是"一母所生"。肤色和相貌的区别以及文化差异，都是后来不同地域的自然生存环境造成的。智人在全世界各地适应当地自然条件，因地制宜，各自创造出辉煌璀璨的文明，这些文化遗产是全人类的宝藏，是我们可以引以为自豪的。如果没有考古，我们就不可能得到这样深刻的认识。因此，帕辛格教授在本书最后一章的结语中道出了全世界考古学者的使命和心声："这样，考古研究可以在传播知识和提高文化修养方面做出贡献，以更好地理解自己和世界，促进不同文化之间的尊重。在这里，我看到考古极其崇高的人道使命。"

宋宝泉

2017 年 8 月于德国波鸿

参考文献

第一章　考古学入门——学术辩论、研究方法和政治含义

A. Borbein / T. Hölscher / P. Zanker (Hrsg.), Klassische Archäologie. Eine Einführung (Berlin 2000).

H. J. Eggers, Einführung in die Vorgeschichte (München 1974).

M. K. H. Eggert / S. Samida, Ur- und frühgeschichtliche Archäologie (Tübingen, Basel 2009).

U. Halle, Graben für Germanien (Stuttgart 2013).

K.-W. Haupt, Johann Winckelmann. Begründer der klassischen Archäologie und modernen Kunstwissenschaften (Weimar 2014).

A. Hauptmann / V. Pingel (Hrsg.), Archäometrie. Methoden und Anwendungsbeispiele naturwissenschaftlicher Verfahren in der Archäologie (Stuttgart 2008).

G. Kossack, Prähistorische Archäologie in Deutschland im Wandel der geistigen und politischen Situation. Sitzungsberichte der Bayerischen Akademie der Wissenschaften 4 (München 1999).

A. Leube (Hrsg.), Prähistorie und Nationalsozialismus: Die mittel- und osteuropäische Ur- und Frühgeschichtsforschung in den Jahren 1933–1945 (Heidelberg 2002).

H. Mommsen, Archäometrie. Neuere naturwissenschaftliche Methoden und Erfolge in der Archäologie (Stuttgart 1986).

J. Street-Jensen, Christian Jürgensen Thomsen und Ludwig Lindenschmit. Eine Gelehrtenkorrespondenz aus der Frühzeit der Altertumskunde (1854–1864).

Beiträge zur Forschungsgeschichte. Römisch-Germanisches Zentralmuseum, Monographien 6 (Bonn 1985).

C. Ulf (Hrsg.), Der neue Streit um Troia. Eine Bilanz (München 2004).

G. A. Wagner (Hrsg.), Einführung in die Archäometrie (Berlin, Heidelberg, New York 2007).

第二章 早期的人类——从素食者到擅长狩猎者

J. L. Arsuga, Der Schmuck des Neandertalers. Auf der Suche nach den Ursprüngen des menschlichen Bewusstseins (Hamburg, Wien 2003).

B. Auffermann / J. Orschiedt, Die Neandertaler. Auf dem Weg zum modernen Menschen (Stuttgart 2006).

A. Bick, Steinzeit (Stuttgart 2006).

G. Bosinski, Urgeschichte am Rhein (Tübingen 2008).

N. J. Conard (Hrsg.), When Neanderthals and Modern Humans Met (Tübingen 2006).

F. Facchini, Die Ursprünge der Menschheit (Stuttgart 2006).

K. E. Fleagle / J. G. Leakey (Hrsg.), The Palaeobiology of Australopithecus (Dordrecht 2013).

R. E. Green / J. Krause / A. W. Briggs / T. Maricic / U. Stenzel / M. Kircher / M. Patterson, A Draft Sequence of the Neandertal Genome. Science 328, 2010, 710–722.

H. Meller (Hrsg.), Elefantenreich. Eine Fossilwelt in Europa. Begleitband zur Sonderausstellung im Landesmuseum für Vorgeschichte Halle / Saale (Halle / Saale 2010).

H. Parzinger, Die Kinder des Prometheus. Eine Geschichte der Menschheit vor der Erfindung der Schrift (München 2015).

R. Potts, Early Hominid Activities at Olduvai (New York 1988).

F. Schrenk, Die Frühzeit des Menschen. Der Weg zum Homo sapiens (München 2008).

F. Schrenk / S. Müller, Die Neandertaler (München 2010).

G. A. Wagner / H. Rieder / L. Zöller / E. Mick (Hrsg.), Homo heidelbergensis. Schlüsselfund der Menschheitsgeschichte (Stuttgart 2007).

第三章 全球文化发展的现代化——创新精神与伟大艺术

G. Bosinski, Die große Zeit der Eiszeitjäger – Europa zwischen 40 000 und 10 000 v. Chr. Jahrbuch des Römisch-Germanischen Zentralmuseums Mainz 34, 1987, 3–139.

G. Bosinski, Urgeschichte am Rhein (Tübingen 2008).

Eiszeit. Kunst und Kultur. Begleitband zur Großen Landesausstellung Eiszeit –Kunst und Kultur im Kunstgebäude Stuttgart (Ostfildern 2009).

C. Gamble, The Palaeolithic Societies of Europe (Cambridge 1999).

J. Hahn, Die Geissenklösterle-Höhle im Achtal bei Blaubeuren. Forschungen und Berichte zur Vor- und Frühgeschichte in Baden-Württemberg 26 (Stuttgart 1988).

P. Hiscock, The Archaeology of Ancient Australia (London 2008).

J. Hoffecker / S. A. Elias, Human Ecology of Beringia (New York 2007).

P. Lieberman, Uniquely Human: The Evolution of Speech, Thought, and Selfless Behaviour (Cambridge 1991).

M. Lorblanchet, Höhlenmalerei – Ein Handbuch (Stuttgart 2000).

Mensch, Mammut, Eiszeit – Vom Leben in der Kälte, Großwildjägern und früher Kunst. Spektrum der Wissenschaft Spezial (Heidelberg 2006).

H. Müller-Beck / G. Albrecht, Die Anfänge der Kunst vor 30 000 Jahren (Stuttgart 1987).

H. Parzinger, Die Kinder des Prometheus. Eine Geschichte der Menschheit vor der Erfindung der Schrift (München 2015).

K. Tankersley, In Search of Ice Age Americans (Salt Lake City 2002).

T. Terberger / B. V. Eriksen (Hrsg.): Hunters in a Changing World. Environment and Archaeology of the Pleistocene – Holocene Transition (ca. 11 000–9000 B. C.) in Northern Central Europe (Rahden / Westfalen 2004).

第四章　人类首次变革——从游猎到定居和早期农业

S. Colledge / J. Conolly (Hrsg.), The Origins and Spread of Domestic Plants in Southwest Asia and Europe (Walnut Creek 2007).

I. Hodder, Çatalhöyük: The Leopard's Tale: Revealing the Mysteries of Turkey's Ancient ‹Town› (London 2006).

N. Karul / Z. Eres / M. Özdoğan / H. Parzinger, Aşağı Pınar I., Einführung, Forschungsgeschichte, Stratigraphie und Architektur. Studien im Thrakien-Marmara-Raum 1. Archäologie in Eurasien 15 (Mainz 2003).

I. Kuijt (Hrsg.), Life in Neolithic Farming Communities. Social Organization, Identity, and Differentiation (New York 2000).

C. Lichter (Hrsg.), Anatolien vor 12 000 Jahren: die ältesten Monumente der Menschheit (Karlsruhe 2007).

J. Lüning, Frühe Bauern in Mitteleuropa im 6. und 5. Jahrtausend v. Chr. Jahrbuch des Römisch-Germanischen Zentralmuseums 35, 1989, 27–93.

J. Lüning, Steinzeitliche Bauern in Deutschland (Bonn 2000).

J. Mellaart, Çatal Hüyük. Stadt aus der Steinzeit (Bergisch Gladbach 1967).

M. Özdoğan (Hrsg.), The Neolithic in Turkey (Istanbul 2011).

H. Parzinger, Die Kinder des Prometheus. Eine Geschichte der Menschheit vor der Erfindung der Schrift (München 2015).

H. Parzinger / H. Schwarzberg, Aşağı Pınar II. Die mittel- und spätneolithische Keramik. Studien im Thrakien-Marmara-Raum 2. Archäologie in Eurasien 18 (Mainz 2005).

K. Schmidt, Sie bauten die ersten Tempel. Das rätselhafte Heiligtum am Göbekli Tepe (München 2016).

D. Srejović, Lepenski Vir: Menschenbilder einer frühen europäischen Kultur (Mainz 1972).

T. Terberger / D. Gronenborn (Hrsg.), Vom Jäger und Sammler zum Bauern. Die Neolithische Revolution. Archäologie in Deutschland Sonderheft (Stuttgart 2014).

第五章　权力和统治的基础——工艺与原料

M. Bartelheim, Die Rolle der Metallurgie in vorgeschichtlichen Gesellschaften. Sozioökonomische und kulturhistorische Aspekte der Ressourcennutzung (Rahden/ Westfalen 2007).

M. Egg / K. Spindler (Hrsg.), Kleidung und Ausrüstung der Gletschermumie aus den Ötztaler Alpen. Monographien des Römisch-Germanischen Zentralmuseums Mainz 77 (Regensburg 2008).

A. Fol / J. Lichardus (Hrsg.), Macht, Herrschaft und Gold. Das Gräberfeld von Varna (Bulgarien) und die Anfänge einer neuen europäischen Zivilisation (Saarbrücken 1988).

B. Hänsel (Hrsg.), Mensch und Umwelt in der Bronzezeit Europas (Kiel 1998).

W. Korn, Megalithkulturen in Europa. Rätselhafte Monumente der Steinzeit (Stuttgart 2005).

J. Lichardus (Hrsg.), Die Kupferzeit als historische Epoche. Saarbrücker Beiträge zur Altertumskunde 55 (Bonn 1991).

C. Lichter (Hrsg.), Aufbruch in eine neue Zeit: Europas Mitte um 4000 v. Chr. Ausstellungskatalog Badisches Landesmuseum (Karlsruhe 2010).

A. Lippert / P. Gostner / E. Egarter Vigl / P. Pernter, Leben und Sterben des Ötztaler Gletschermannes. Neue medizinische und archäologische Erkenntnisse. Germania 85, 2007, 1–27.

H. Meller (Hrsg.), Der geschmiedete Himmel. Die weite Welt im Herzen Europas vor 3600 Jahren (Stuttgart 2006).

H. Meller / F. Bertemes (Hrsg.), Der Griff nach den Sternen – Wie Europas Eliten zu Macht und Reichtum kamen. Tagungen des Landesmuseums für Vorgeschichte Halle / Saale 5 (Halle / Saale 2010).

H. Parzinger, Die Kinder des Prometheus. Eine Geschichte der Menschheit vor der Erfindung der Schrift (München 2015).

E. Pernicka, Gewinnung und Verbreitung der Metalle in prähistorischer Zeit. Jahrbuch des Römisch-Germanischen Zentralmuseums 37, 1990, 21–129.

E. Probst, Deutschland in der Bronzezeit. Bauern, Bronzegießer und Burgherren zwischen Nordsee und Alpen (München 1996).

J. Richards, Stonehenge (London 2005).

H. Schlichtherle (Hrsg.), Pfahlbauten rund um die Alpen. Archäologie in Deutschland Sonderheft (Stuttgart 1997).

第六章 近东的早期帝国——神君、建筑工匠与官僚

G. Algaze, The Uruk World System: The Dynamics of Expansion of early Mesopotamian civilization (Chicago 1993).

K. A. Bard, From Farmers to Pharaohs (Sheffield 1994).

K. A. Bard (Hrsg.), Encyclopedia of the Archaeology of Ancient Egypt (London 1999).

R. Matthews, The Early Prehistory of Mesopotamia. 500,000–4,500 BC (Turnhout 2000).

L. D. Morenz, Bild-Buchstaben und symbolische Zeichen: Die Herausbildung der Schrift der hohen Kultur Altägyptens. Orbis Biblicus et Orientalis 205 (Fribourg 2004).

H. J. Nissen, Grundzüge einer Geschichte der Frühzeit des Vorderen Orients (Darmstadt 1995).

H. J. Nissen, Geschichte Altvorderasiens. Oldenbourg Grundriss der Geschichte 25 (München 1999).

H. Parzinger, Die Kinder des Prometheus. Eine Geschichte der Menschheit vor der Erfindung der Schrift (München 2015).

J. N. Postgate, Early Mesopotamia: Society and Economy at the Dawn of History (London 1992).

M. S. Rothman (Hrsg.), Uruk Mesopotamia & Its Neighbors: Cross-Cultural Interactions in the Era of State Formation (Santa Fé 2001).

F. Seyfried (Hrsg.), Im Licht von Amarna. 100 Jahre Fund der Nofretete (Berlin 2012).

I. Shaw (Hrsg.), The Oxford History of Ancient Egypt (Oxford 2003).

E. Strommenger, Habuba Kabira. Eine Stadt vor 5000 Jahren. Ausgrabungen der Deutschen Orient-Gesellschaft am Euphrat in Habuba Kabira, Syrien (Mainz 1980).

Uruk. 5000 Jahre Megacity. Begleitband zur Ausstellung (Petersberg 2013).

D. Wengrow, The Archaeology of Early Egypt. Social Transformations in North-East Africa, 10,000 to 2,650 BC (Cambridge 2006).

G. Wessel, Das schmutzige Geschäft mit der Antike (Berlin 2015).

T. Wilkinson, Early Dynastic Egypt: Strategy, Society and Security (London 1999).

第七章 一个变化中的世界——经济危机、宫殿被毁、宗教变迁

Bronzezeit. Europa ohne Grenzen. Ausstellungskatalog (St. Petersburg 2013).

H.-G. Buchholz (Hrsg.), Ägäische Bronzezeit (Darmstadt 1987).

E. H. Cline, 1177 v. Chr. Der erste Untergang der Zivilisation (Stuttgart 2015).

J. M. Coles / A. F. Harding, The Bronze Age in Europe (London 1979).

O. Dickinson, The Aegean Bronze Age (Cambridge 1994).

R. Drews, The End of the Bronze Age. Changes in Warfare and the Catastrophe ca.1200 B. C. (Princeton

1993).

Eliten der Bronzezeit. Ergebnisse zweier Kolloquien in Mainz und Athen. Monographien des Römisch-Germanischen Zentralmuseums 43 (Mainz 1999).

A. Hänsel / B. Hänsel (Hrsg.), Gaben an die Götter. Schätze der Bronzezeit Europas. Ausstellungskatalog (Berlin 1997).

B. Hänsel (Hrsg.), Mensch und Umwelt in der Bronzezeit Europas (Kiel 1998).

D. Jantzen / T. Terberger, Gewaltsamer Tod im Tollensetal vor 3200 Jahren. Archäologie in Deutschland 4, 2011, 6–11.

A. Jockenhövel / W. Kubach (Hrsg.), Bronzezeit in Deutschland. Archäologie in Deutschland, Sonderheft (Stuttgart 1994).

K. Kristiansen / Th. Larsson, The Rise of Bronze Age Society. Travels, Transmissions and Transformations (Cambridge 2005).

G. A. Lehmann, Umbrüche und Zäsuren im östlichen Mittelmeerraum und Vorderasien zur Zeit der «Seevölker»-Invasionen um und nach 1200 v. Chr. Neue Quellenzeugnisse und Befunde. Historische Zeitschrift 262, 1996, 1–38.

E. Probst, Deutschland in der Bronzezeit. Bauern, Bronzegießer und Burgherren zwischen Nordsee und Alpen (München 1996).

H. Sternberg-el Hotabi, Der Kampf der Seevölker gegen Pharao Ramses III. Archäologie, Inschriften und Denkmäler Altägyptens 2 (Rahden / Westfalen 2012).

第八章　中欧迷恋南方的生活——葡萄和无花果、时尚和家具

J. Biel, Der Keltenfürst von Hochdorf (Stuttgart 1985).

J. Boardman, The Greeks overseas. Their early colonies and trade (London 2003).

S. Burmeister, Geschlecht, Alter und Herrschaft in der Späthallstattzeit Württembergs.Tübinger Schriften zur Ur- und Frühgeschichte 4 (Münster 2000).

R. Gebhard / F. Marzatico / P. Gleirscher (Hrsg.), Im Licht des Südens. Begegnungen antiker Kulturen zwischen Mittelmeer und Zentraleuropa. Ausstellungskataloge der Archäologischen Staatssammlung 39 (München 2011).

W. Kimmig, Die griechische Kolonisation im westlichen Mittelmeergebiet und ihre Wirkung auf die Landschaften des westlichen Mitteleuropa. Jahrbuch des Römisch-Germanischen Zentralmuseums Mainz 30, 1983, 5–78.

R. Krause, Der Ipf. Frühkeltischer Fürstensitz und Zentrum keltischer Besiedlung am Nördlinger Ries (Stuttgart 2007).

D. Krause (Hrsg.), Frühe Zentralisierungs- und Urbanisierungsprozesse. Zur Genese und Entwicklung frühkeltischer Fürstensitze und ihres territorialen Umlandes. Forschungen und Berichte zur Vor- und Frühgeschichte in Baden-Württemberg 101 (Stuttgart 2008).

D. Krause (Hrsg.), «Fürstensitze» und Zentralorte der frühen Kelten. Forschungen und Berichte zur Vor- und Frühgeschichte in Baden-Württemberg 120 / 1 (Stuttgart 2010).

D. Krause / I. Kretschmer / L. Hansen / M. Fernández-Götz, Die Heuneburg, keltischer Fürstensitz an der oberen Donau. Führer zu archäologischen Denkmälern in Baden-Württemberg 28 (Stuttgart 2015).

S. Kurz, Untersuchungen zur Entstehung der Heuneburg in der späten Hallstattzeit. Forschungen und Berichte zur Vor- und Frühgeschichte in Baden-Württemberg 105 (Stuttgart 2007).

T. Miller, Die griechische Kolonisation im Spiegel literarischer Zeugnisse (Tübingen 1997).

C. Pare, Fürstensitze, Celts and the Mediterranean World. Developments in the West Hallstatt Culture in the 6th and 5th Centuries BC. Proceedings of the Prehistoric Society 57, Heft 2, 1991, 183–202.

H. Parzinger, Der Goldberg. Die metallzeitliche Besiedlung. Römisch-Germanische Forschungen 37 (Mainz 1998).

S. v. Schnurbein (Hrsg.), Atlas der Vorgeschichte. Europa von den ersten Menschen bis Christi Geburt (Stuttgart 2009).

第九章 凯尔特人在欧洲——移民迁徙与经济崛起

H. Baitinger, Der Glauberg. Ein Fürstensitz der Späthallstatt- / Frühlatènezeit in Hessen. Glauberg-Studien 1. Materialien zur Vor- und Frühgeschichte von Hessen 26 (Wiesbaden 2010).

H. Baitinger / B. Pinsker (Hrsg.), Das Rätsel der Kelten vom Glauberg (Stuttgart 2002).

H. Birkhan, Kelten. Versuch einer Gesamtdarstellung ihrer Kultur (Wien 1997).

J. Collis, The Celts. Origins, Myths, Inventions (Gloucestershire 2003).

J. Fries-Knoblach, Die Kelten. 3000 Jahre europäischer Kultur und Geschichte. Urban-Taschenbücher 576 (Stuttgart 2002).

A. Haffner (Hrsg.), Heiligtümer und Opferkulte der Kelten. Archäologie in Deutschland, Sonderheft (Stuttgart 1995).

D. W. Harding, The Archaeology of Celtic Art (London 2007).

V. Helfert (Hrsg.), Die Kelten. Auf den Spuren der Keltenfürsten (Stuttgart 2009).

B. Maier, Die Religion der Kelten. Götter – Mythen – Weltbild (München 2001).

F. Müller, Die Kunst der Kelten (München 2012).

M. Nick, Gabe, Opfer, Zahlungsmittel. Strukturen keltischen Münzgebrauchs im westlichen Mitteleuropa. Freiburger Beiträge zur Archäologie und Geschichte des ersten Jahrtausends (Rahden / Westfalen 2006).

254

S. Rieckhoff / J. Biel, Die Kelten in Deutschland (Stuttgart 2001).

S. Rieckhoff / S. Fichtl, Keltenstädte aus der Luft. Archäologie in Deutschland, Sonderheft Plus (Stuttgart 2011).

S. Sievers, Manching. Die Keltenstadt. Führer zu archäologischen Denkmälern in Bayern. Oberbayern 32 (Stuttgart 2007).

K. Tomaschitz, Die Wanderungen der Kelten in der antiken literarischen Überlieferung. Mitteilungen der Prähistorischen Kommission der Österreichischen Akademie der Wissenschaften 47 (Wien 2002).

第十章 罗马人和日耳曼人——种族灭绝与文化适应

D. Baatz / F.-R. Herrmann (Hrsg.), Die Römer in Hessen (Stuttgart 1982).

H. Bender / H. Wolff (Hrsg.), Ländliche Besiedlung und Landwirtschaft in den Rhein-Donau-Provinzen des Römischen Reiches. Passauer Universitätsschriften zur Archäologie 2 (Espelkamp 1994).

H. Cüppers (Hrsg.), Die Römer in Rheinland-Pfalz (Stuttgart 1990).

W. Czysz / K. Dietz / T. Fischer / H.-J. Kellner (Hrsg.), Die Römer in Bayern (Stuttgart 1995).

P. Filzinger / D. Planck / B. Cämmerer (Hrsg.), Die Römer in Baden-Württemberg (Stuttgart 1986).

Th. Fischer, Die Römer in Deutschland (Stuttgart 1999).

W. Haarnagel, Die Grabung Feddersen Wierde. Methode, Hausbau, Siedlungs- und Wirtschaftsformen sowie Sozialstruktur. Feddersen Wierde 2 (Wiesbaden 1979).

A. Haffner / S. von Schnurbein (Hrsg.), Kelten, Germanen, Römer im Mittelgebirgsraum zwischen Luxemburg und Thüringen. Kolloquien zur Vor- und Frühgeschichte 5 (Bonn 2000).

G. Horn (Hrsg.), Die Römer in Nordrhein-Westfalen (Stuttgart 1987).

G. Kossack / K.-E. Behre / P. Schmid (Hrsg.), Archäologische und naturwissenschaftliche Untersuchungen an ländlichen und frühstädtischen Siedlungen im deutschen Küstengebiet vom 5. Jahrhundert v. Chr. bis zum 11. Jahrhundert n. Chr. (Weinheim 1984).

L. Wamser / C. Flügel / B. Ziegaus, Die Römer zwischen Alpen und Nordmeer. Zivilisatorisches Erbe einer europäischen Großmacht. Kataloghandbuch zur Landesausstellung des Freistaates Bayern, Rosenheim 2000 (Mainz 2000).

K.-W. Weeber, Alltag im Alten Rom (München 2000).

R. Wiegels (Hrsg.), Die Varusschlacht: Wendepunkt der Geschichte? Archäologie in Deutschland Sonderheft (Stuttgart 2007).

R. Wolters, Die Schlacht im Teutoburger Wald. Arminius und das römische Germanien (München 2008).

第十一章 今日欧洲的形成——基督教徒、骑士、黄瓜栽培者及商人

B. Anke / L. Révész / T. Vida. Reitervölker des Frühmittelalters. Hunnen – Awaren –Ungarn. Archäologie in Deutschland Sonderheft (Stuttgart 2008).

S. Brather, Archäologie der westlichen Slawen. Siedlung, Wirtschaft und Gesellschaft im früh- und hochmittelalterlichen Ostmitteleuropa. Ergänzungsbände zum Reallexikon der Germanischen Altertumskunde 30 (Berlin 2008).

A. Demandt, Geschichte der Spätantike (München 2008).

E. Ewig, Die Merowinger und das Frankenreich (Stuttgart 2006).

J. Graham-Campbell, Das Leben der Wikinger. Krieger, Händler und Entdecker (Hamburg 2002).

E. Gringmuth-Dallmer, Die Slawen, Nachbarn des fränkischen Reichs. In: U. v. Freeden / S. v. Schnurbein (Hrsg.), Spuren der Jahrtausende: Archäologie und Geschichte in Deutschland (Stuttgart 2002), 344–367.

H.-P. Kuhnen (Hrsg.), Das römische Trier. Führer zu archäologischen Denkmälern in Deutschland 40 (Stuttgart 2001).

S. Matz, Die ›Barbarenfurcht‹ und die Grenzsicherung des spätrömischen Reiches. Eine vergleichende Studie zu den limites an Rhein, Iller und Donau, in Syrien und Tripolitanien mit einem Fundstellenkatalog zum spätrömischen Rhein-Iller-Donau-Limes (Jena 2014).

W. Menghin, Die Langobarden (Stuttgart 1985).

W. Pohl, Die Völkerwanderung (Stuttgart 2005).

Reiss-Museum Mannheim (Hrsg.), Die Franken: Wegbereiter Europas. Vor 1500 Jahren: König Chlodwig und seine Erben (Mainz 1996).

P. v. Rummel / H. Fehr, Die Völkerwanderung (Stuttgart 2011).

R. Schieffer, Die Karolinger (Stuttgart 2006).

R. Simek, Die Wikinger (München 2016).

A. Wieczorek / H.-M. Hinz (Hrsg.), Europas Mitte um 1000. Katalog zur Ausstellung (Stuttgart 2000).

G. Williams / P. Pentz / M. Wemhoff (Hrsg.), Die Wikinger. Ausstellungskatalog (Berlin 2014).

H. Wolfram, Geschichte der Goten (München 2009).

第十二章 没有考古就没有完整的人类历史——便池、战场和"颓废艺术"

T. Biller (Hrsg.), Der Crac des Chevaliers. Die Baugeschichte einer Ordensburg der Kreuzfahrerzeit (Regensburg 2006).

256

H. Boockmann, Die Stadt im späten Mittelalter (München 1986).

Th. Brock / A. Homann, Schlachtfeldarchäologie. Auf den Spuren des Krieges. Archäologie in Deutschland Sonderheft (Stuttgart 2011).

G. P. Fehring, Stadtarchäologie in Deutschland. Archäologie in Deutschland, Sonderheft (Stuttgart 1996).

K. Görich, Die Staufer. Herrscher und Reich (München 2011).

G. Isenberg, Kirchliches und städtisches Leben. In: U. v. Freeden / S. v. Schnurbein (Hrsg.), Spuren der Jahrtausende: Archäologie und Geschichte in Deutschland (Stuttgart 2002), 390–417.

C. Julien, Die Inka. Geschichte, Kultur, Religion (München 2003).

R. Knape (Hrsg.), Martin Luther und Eisleben. Schriften der Stiftung Luthergedenkstätten Sachsen-Anhalt 8 (Leipzig 2007).

R. Knape, Mittelalterliche Burgen in Hessen. 800 Burgen, Burgruinen und Burgstätten (Gudensberg-Gleichen 2000).

H. J. Prem, Die Azteken. Geschichte – Kultur – Religion (München 2011).

Stadtluft, Hirsebrei und Bettelmönch. Die Stadt um 1300. Stadtarchäologie in Baden-Württemberg und der Nordwestschweiz (Stuttgart 1992).

H. Steuer / G. Biegel (Hrsg.), Stadtarchäologie in Norddeutschland westlich der Elbe. Zeitschrift für Archäologie des Mittelalters, Beiheft 14 (Bonn 2002).

C. Theune, Archäologie an Tatorten des 20. Jahrhunderts. Archäologie in Deutschland Sonderheft (Stuttgart 2014).

T. Todorov, Die Eroberung Amerikas. Das Problem des Anderen (Frankfurt am Main 2002).

M. Wemhoff (Hrsg.), Barocke Blütezeit. Die Kultur der Klöster in Westfalen (Regensburg 2007).

M. Wemhoff, Der Berliner Skulpturenfund. «Entartete Kunst» im Bombenschutt (Regensburg 2011).

索引

人名索引

人名	中译名	页码
Urban II, Papst	乌尔班二世（教皇）	220
Varus 见 Quinctilius Varus	瓦鲁斯	182
Vercingetorix	维钦托利	170
Virchow, Rudolf	菲尔绍，鲁道夫	7
Waldseemüller, Martin	瓦尔德泽米勒，马丁	230
Wilhelm I, Deutscher Kaiser	威廉一世（德意志皇帝）	185
Winckelmann, Johann Joachim	温克尔曼，约翰·约阿希姆	2

地名、民族名索引

地名、民族名	中译名	页码
Aachen	亚琛	210
Abydos	阿比多斯	108
Adria	亚得里亚海	139
Afghanistan	阿富汗	187
Afrika	非洲	22
Ägäis	爱琴海	66
Ägypten	埃及	3
Aibunar	埃布娜尔	82
Akkon	阿卡	137
Alaska	阿拉斯加	41
Aldenhovener Platte	阿尔登霍芬平原	74
Alemannen	阿勒曼尼人	192
Alésia	阿莱西亚	159
Almería	阿尔梅里亚	138
Alpen	阿尔卑斯山	28
Altamira	阿尔塔米拉	51
Altmark	阿尔特马克	208
Altmühl	阿尔特米尔河	214
Amarna	阿玛纳	111
Amerika	美洲	41

图片声明

插图 2、p8、p14、p20、p34、p38、p51、p73、p75、p88、p92、p112、p115、p129、p133(2)、p148、p151、p154、p156、p159、p161、p162、p168、p170、p173、p175、p178、p181、p183、p185、p193、p198、p210、p218、p222、p224、p229、p238 © 宋宝泉 | p2 据 W. Leppmann, Winkelmann. Eine Biographie (Frankfurt am Main/Berlin/Wien 1971), 16. | p9 据 M. Rose/E. Bonn-Muller/Giorgio Ferrero, Archäologica. Wunder der Vergangenheit (Augsburg 2010), 36. | p16 柏林洪堡大学 | p23 据 GEO kompakt 24, 2010. | p26、p42、p68、p106、p120、p140-141、p158、p189、p206、p211 © Nicolai Moos, Bochum; Marten Stübs, Hemer | p28、p47、p60、p76、p77、p78、p128、p133(1)、p167、p195、p207、p227 据 U. von Freeden/S. von Schnurbein (Hrsg.), Spuren der Jahrtausende. Archäologie und Geschichte in Deutschland (Stuttgart 2002), S. 66 Abb. 108, S. 82 Abb. 138, S. 102 Abb.180, S. 121 Abb 207, S. 139 Abb. 243, S.126 Abb. 276, S. 184 Abb. 316, S. 199 Abb. 340, S. 277 Abb. 476, S. 466 Abb. 814, S. 435 Abb. 764a | p30 据 H. Thieme, Die Schönniger Speere. Mensch und Jagd vor 400 000 Jahren (Stuttgart/

Hannover 2007), Abb. 151.| p43-44 据 U. Stodick, Zur Technnologie der jungpaläolithischen Speerschleuder. Eine Studie auf der Basis archäologischer ethnologischer und experimenteller Erkenntnisse (Tübingen 1993) 1.| p50 据 D. Vialou, Frühzeit des Menschen (München 1992), 248.| p56 据 M. Zick, Türkei. Wiege der Zivilisation (Stuttgart 2008) S. 14.| p59 据 D. Srejovič, Lepenski Vir. Eine vorgeschichtliche Geburtsstätte europäischer Kultur (Bergisch Gladbach 1975) Schutzumschlag. | p62-63、p65 据 M. Zick, Türkei. Wiege der Zivilisation (Stuttgart 2008) S. 19 Abb. 16，18. | p70 据 J. Mellaart, The Neolithic of the Near East (London 1975), Abb. 46| p80 © Linda Boutoille | p85 据 M. Videjko, Großsiedlungen der Tripolje-Kultur in der Ukraine. Eurasia antiqua 1, 1995, S. 49, Abb. 4 | p90 据 G. Sulzenbacher, Die Gletschermunie. Mit Ötzi auf Endeckungsreise durch die Jungsteinzeit (Bozen 2006) 18. | p94、p95、p118 据 H. Meller (Hrsg.), Der geschmiedete Himmel. Die weite Welt im Herzen Europas vor 3600 Jahren (Halle/Stuttgart 2004), 156，24，59 | p100、p124、p136 © Detlef Hopp, Essen | p105 © Christian Krug, DAI, Orient-Abteilung. | p114 据 D. Wildung, Die Büste der Nofretete. Vernissage Meisterwerke. Ägyptisches Museum und Papyrussammlung Berlin, Abb. 15. | p132 据 C. Schuchhardt, Der Goldfund vom Messingwerk bei Eberswalde (1914) Taf. II. | p145 水彩画据《Das Gräberfeld von Hallstatt》, 数码图处理 K. Kromer (Florenz 1959), Taf. 4 图像复制据 S. v. Schnurbein, Spuren der Jahrtausende S. 16 Abb. 12. | p150 据 D. Plank u.a. (Red.), Der Keltenfürst von Hochdorf, Methoden und Ergebnisse der Landesarchäologie. Katalog der Ausstellung, Stuttgart, Kunstgebäude vom 14. August bis 13. Oktober 1995 (Stuttgart 1995), 102. | p171(1)、p174 © Klaus Leidorf | p171(2) 据 K. Leidorf / P. Ettel, Burgen in Bayern. 7000 Jahre Burgenschichte im Luftbild (Stuttgart 1999) 18. | p125 © Otto Braasch, Lahr. 图像复制据 U. von Freeden/S. von Schnurbein (Hrsg.), Spuren der Jahrtausende. Archäologie und Geschichte in Deutschland (Stuttgart 2002), S. 346, Abb. 606. | 插图 1 © SPK / Herlinde Koelbl

图书在版编目（CIP）数据

考古寻踪：穿越人类历史之旅 ／〔德〕赫尔曼·帕辛格
(Hermann Parzinger)著；宋宝泉译. 一上海：上海三联书店，
2019.6

ISBN 978-7-5426-6654-3

Ⅰ．①考… Ⅱ．①赫… ②宋… Ⅲ．①考古－通俗读物
Ⅳ．① K85-49

中国版本图书馆 CIP 数据核字（2019）第 059243 号

考古寻踪：穿越人类历史之旅

著　　者／〔德〕赫尔曼·帕辛格

译　　者／宋宝泉

责任编辑／程　力

特约编辑／刘文硕

装帧设计／**Metis** 灵动视线

监　　制／姚　军

出版发行／上海三联书店

　　　　　（200030）中国上海市漕溪北路 331 号 A 座 6 楼

邮购电话／021-22895540

印　　刷／北京鑫海达印刷有限公司

版　　次／2019 年 6 月第 1 版

印　　次／2019 年 6 月第 1 次印刷

开　　本／640×960　1/16

字　　数／100 千字

印　　张／18

ISBN 978-7-5426-6654-3/K·526

定　价：49.80元